PRINCIPALES ÉPOQUES DES IMPOSITIONS EN FRANCE, ET MONUMENS DE NOTRE HISTOIRE SUR LA RESPONSABILITÉ DES MINISTRES.

Discite, ô miseri ! & causas cognoscite rerum !

Perf.

Prix, 48 sols, broché.

A PARIS,

Chez J. CH. DESAINT, Imprimeur, rue de la Harpe, au-dessus de Saint-Côme. N°. 133.

M. DCC. LXXXIX.

CET *Ouvrage contient; 1°. L'Hiſtoire abrégée de nos Impôts; 2°. Les Monumens de notre Hiſtoire ſur la reſponſabilité des Miniſtres, dont quelques-uns, quoique fort honnêtes gens d'ailleurs, ont eu le déſagrément d'être pendus; 3°. La ſucceſſion des Rois & des Impôts que chacun d'eux a formés; 4°. La ſuite chronologique des Sur-Intendans & Contrôleurs-Généraux des Finances, avec le plan de conduite & de méthode de chacun; 5°. L'indication des principaux Etats-Généraux & des opérations qui y ont été faites, rélativement aux Finances; 6°. L'origine des Privilèges locaux & perſonnels; 7°. La progreſſion des revenus & des dépenſes de l'Etat, de la dette & du déficit, non-ſeulement actuel, mais aux diverſes époques, depuis que nous avons des Finances & des Impots. 8°. Des réflexions ſur le déficit actuel, & le moyen de le combler ſans nouvel Impôt. 9°. L'extrait de l'Eſprit des Loix, concernant les Impôts.*

LA preuve des faits contenus dans cet Ouvrage s'y trouve appuyée de citations; mais la preuve plus détaillée s'en trouve dans *les Mémoires concernant les Impoſitions*, *5 vol. in-4°.*, *chez Deſaint*, ouvrage dont la réputation eſt faite, auquel celui-ci peut ſervir de ſupplément, d'introduction, d'extrait & de table générale.

Il eût été bien aiſé de faire un gros volume; mais j'ai préféré beaucoup de choſes en peu d'eſpace. C'eſt le fruit d'un long travail & de beaucoup de recherches; & tout défectueux que ſoit ce petit Ouvrage, je crois qu'il n'en exiſte encore aucun, dans lequel on trouve une Hiſtoire auſſi complette de nos Impôts & de nos Finances.

Mais il ne contient rien de neuf: tout ce qu'il renferme ſe trouve ailleurs; les objets qui y ſont traités ne ſont point amuſans, & il faut avoir envie de s'inſtruire de cette partie de notre Hiſtoire, pour ſurmonter l'ennui de la lecture.

D'ailleurs, beaucoup de faits, preſque point de réflexions, je les laiſſe faire aux Lecteurs. Cette méthode n'aura pas les ſuffrages de tous ceux qui ne veulent pas prendre la peine de méditer les faits, & d'en tirer les conſéquences.

Dans le petit nombre des réflexions que je me permets, pluſieurs déplairont, parce qu'elles ſont conformes aux faits & contraires aux idées.

La forme de cet Ouvrage a encore le déſavantage de reſſembler à celle de ces mille & une brochures, dont nous ſommes inondés; mais peut-être ſurvivra-t-il au moment, parce qu'il peut ſervir de ſupplément à toutes nos Hiſtoires de France, ſpécialement aux abrégés chronologiques.

Enfin, l'épigraphe n'en eſt point heureuſe, *Diſcite* : étudier ! remonter aux ſources ! conſulter les faits ! cela n'eſt plus du ſiecle. On ne conſulte plus que ſa raiſon, on ne remonte pas au-delà de ſon eſprit; on n'étudie plus que ſon bon ſens; ſans cela, on n'innoveroit jamais, &

rien ne ſe perfectionneroit ni au moral, ni au phyſique : prenons-y garde.

> Ultima prona via eſt, & eget moderamine certo.
>
> *Ovid.*

Je commence l'Hiſtoire des Impôts au regne de Philippe *Auguſte*, parce que j'ai eu intention de ne parler que des Impôts exiſtans.

A la ſuite de l'Hiſtoire, j'ai placé quelques réflexions pratiques, qui pourront trouver grace devant quelques-uns, & que d'autres ne ménageront pas.

Je termine le Volume par l'extrait des penſées d'un Philoſophe ſur les Impôts; afin que ce petit Ouvrage contienne en même-temps l'Hiſtoire, la pratique & la théorie de la choſe.

FAUTES ESSENTIELLES.

Page 63, ligne 10, *ajoutez* le poiſſon.

97, 17, d'ailleurs, *liſ.* ailleurs, *ou ajoutez* quelquefois.

Le Lecteur voudra bien corriger les autres fautes.

TABLEAU
GÉNÉALOGIQUE ET CHRONOLOGIQUE
DES ROIS,
DEPUIS L'ORIGINE DES IMPOTS.

1180. Philippe II. *Auguste.*
1223. Louis VIII.
1226. Louis. IX. *Saint.*

1270. Philippe III. *le Hardi.*

1285. Philippe IV. *le Bel.* — Charles de Valois.
1314. Louis X. *le Hutin.* } Freres.
1316. Philip. V. *le Long.* } Freres.
1322. Charles IV. *le Bel.* } Freres.

1328. Philippe VI. *de Valois.*
1350. Jean.
1364. Charles V. *le Sage.*

1380. Charles VI. — Louis D. d'Orlé.
1422. Charles VII. — Charles D. d'Orléans. — Jean.
1461. Louis XI. — Charles Comte d'Angoulême.
1483. Charles VIII.

1498. Louis XII.

1515. François Ier.
1547. Henri II.
1559. François II. } Freres.
1560. Charles IX. } Freres.
1574. Henri III. } Freres.

1589. Henri IV.
1610. Louis XIII.
1643. Louis XIV.
1715. Louis XV.
1774. Louis XVI.

Robert Comte de Clermont.
|
Louis de Bourbon.
|
Jacques de Bourbon Comte de la Marche.
|
Jean de Bourbon.
|
Louis de Bourbon Comte de Vendôme.
|
Jean de Bourbon Comte de Vendôme.
|
François de Bourbon.
|
Charles de Bourbon Duc de Vendôme.
|
Antoine de Bourbon Roi de Navarre.

On voit par ce tableau comment Philippe VI descend de Philippe III. — comment Louis XII & François Ier. descendent de Charles V. — & comment Henri IV descend de Saint-Louis.

PRINCIPALES

PRINCIPALES ÉPOQUES DES IMPOSITIONS EN FRANCE.

PHILIPPE II, (*Auguste*,) 1180—1223.

1190.

LES Tailles étoient établies. Philippe Auguste défend d'en faire remise, tant qu'il sera occupé au service de Dieu outre mer. *Voyez* son testament.

Ces Tailles étoient de deux especes, les unes ordinaires, les autres extraordinaires. La Taille ordinaire étoit levée par les Seigneurs, & conséquemment par le Roi, dans ses Domaines, en qualité de Seigneur. Les Affranchis y étoient sujets comme les Serfs, à la différence que ceux-ci étoient assez généralement taillables à volonté, au-lieu que les Affranchis ne devoient que des ſommes fixes. La Taille extraordinaire étoit levée par les Communes, ſervoit à leurs uſages & à acquitter les dons qu'elles avoient coutume de faire à leur Seigneur, à l'occaſion de la chevalerie de ſon fils, du mariage de ſa fille, de ſa captivité en guerre, & peut-être auſſi de ſa premiere campagne, ou de ſon voyage d'outre mer. Cette Taille s'appeloit la Taille aux Trois, ou aux Quatre Cas; car les cas n'étoient pas abſolument les mêmes, dans toutes les Seigneuries.

Philippe Auguſte en étoit déja venu à ce point d'autorité, qu'il défendoit à ſes vaſſaux de faire remiſe des Tailles à eux dues, durant un eſpace de temps illimité. Quand un Prince peut commander à un Seigneur de faire telle ou telle perception, & lui défendre de l'interrompre, il n'eſt pas loin de la faire faire en ſon nom; c'eſt ce qui eſt arrivé, d'autant plus que les Seigneurs, voyant bien qu'en définitif l'impôt tournoit au profit du Roi, mirent peu d'importance à la faire en leur nom. *Voy.* 1296.

LOUIS VIII. 1223--1226.

1223.

CONTINUATION de l'établiſſement des Communes & des Bourgeoiſies, moyennant des redevances annuelles, des droits, des exactions, quelquefois de fortes sommes d'argent qu'elles payoient aussi-tôt, ou se soumettoient de payer.

La Commune différoit de la Bourgeoisie. La Commune avoit une magistrature tirée de son corps, des Maires ou des Consuls qui faisoient des réglemens en matiere civile ou criminelle. Les Bourgeoisies étoient administrées par les Officiers du Roi, ou des Seigneurs, dont elles recevoient des réglemens. *Préface du tom. XIII des Ordon. du Louvre.* *Voyez* 1296, *page* 20.

1224.

Lettres primitives ou confirmatives de lettres plus anciennes, par lesquelles le Roi exempte les habitans de plusieurs Communes du paiement de certains droits, en différens lieux. Ces droits sont ceux de péage, pontage, passage, tonlieu & autres semblables, droits alors Domaniaux & Seigneuriaux, devenus ensuite pour la plupart droits Royaux. *Voyez* 1294.

1225.

Fin du premier âge des apanages, où les Domaines avoient appartenu en pleine propriété aux Princes apanagés. En donnant le Comté de Clermont en Beauvoisis à son frere, Louis VIII apposa la clause du retour à la Couronne, à défaut d'hoirs; mais le terme d'hoirs embrassoit alors les filles, & n'étoit pas restraint aux mâles. *Voyez* 1314.

LOUIS IX. (*Saint*) 1226--1270.

LE droit de chasse n'est pas un impôt ; mais dès le temps de Saint Louis il étoit pire. En » l'Abbaye de Saint-Nicolas-au-Bois, qui est au- » près de Laon, étoient demeurans trois No- » bles enfans qui étoient nés de Flandre, pour » apprendre le langage de France. Icils en- » fans allerent un jour par le Bois de l'Abbaye, » pour occire conins, (lapins). Comme ils sui- » voient leur proie, qu'ils avoient levée au Bois » de l'Abbaye, ès bois enjoignant cil du Seigneur » de Coucy, furent pris & retenus des sergens » qui gardoient le Bois. Quand Enguerrand sut » le fait des enfans par ses forestiers, il, qui » cruel fut & sans pitié, fit tantôt sans jugement » pendre les enfans ». *Chroniques de S. Denis.*

Tout juste qu'étoit saint Louis, le Seigneur de Coucy en fut quitte pour une forte amende & des fondations au profit de l'ame des enfans.

Saint Louis leva des Tailles assez constamment durant tout son regne. On en levoit dans les villes notre sire le Roi : *Recueil du Louvre*, *tom. 1, p. 291* ; & les Communes en levoient. Dès ce temps on se plaignoit de leur inexacte répartition. Les riches savoient se faire peu taxer. Toute la charge tomboit sur les pauvres, qui ne ſçachant comment ſe faire rendre juſtice, ſe la rendoient eux-mêmes. « Si en ont été aucunes fois maint occis ». *Beaumanoir, chap. 50.*

Le Clergé contribuoit aux frais des expéditions d'outre mer. Alors l'autorité du Pape ſe joignoit à celle du Roi. Quelquefois les Papes vouloient lever de fortes ſommes en leur nom & pour leur compte; mais lorſque le Roi s'y refuſoit, les Papes étoient réduits à capituler ou à ſe taire. D'un autre côté, le Roi n'oſoit pas demander des contributions au Clergé: celui-ci même n'oſoit pas en accorder, ſans le conſentement du Pape; mais lorſque l'Empire & le Sacerdoce agiſſoient de concert, les Eccléſiaſtiques finiſſoient par payer, parce qu'il ne leur reſtoit perſonne à qui recourir. *Velly, an 1267.*

PHILIPPE III. (*Le Hardi.*) 1270-1285.

1270.

PREMIERES lettres d'annobliſſement.

1275.

Premiere loi ſur les amortiſſemens & les francs-fiefs, dont cependant on croit trouver les premieres traces dans les établiſſemens de ſaint Louis.

Le droit de franc-fief n'avoit lieu que si les roturiers avoient acheté un fief, en exemption ou franchise du service ordinaire. Défenses étoient faites de les inquiéter, s'ils avoient acheté à la charge de ce service. Alors le mot franc-fief désignoit un fief franc du service. Cette franchise plaisoit beaucoup aux roturiers qui ne se sentoient pas de goût pour la guerre. Mais comme elle diminuoit le droit du Seigneur du fief, qui ne pouvoit plus exiger le service militaire, il falloit lui payer finance, il falloit la payer de même au seigneur supérieur, puis au Suserain dont les arrieres-fiefs se trouvoient aussi diminués & altérés par la même raison. *Voyez* 1291.

1285.

C'est au regne de ce Prince que l'on fixe l'époque à laquelle la maxime de l'inaliénabilité du domaine s'établit dans presque tous les royaumes. Cependant il fit plusieurs aliénations, & Philippe le Bel suivit son exemple. *Voyez* 1318.

Ce Prince étendit peu les bornes de la France ;
Mais avoir dans l'Etat su mettre l'abondance
Par une longue paix, c'est l'avoir aggrandi.

Mezerai.

PHILIPPE IV. (*le Bel*).

1285---1314.

Hic docuit quænam nostri retinacula regni,
Pontificemque suis claudere limitibus.

Pasquierii icones.

Le premier dans l'Etat fit altérer l'argent
Et fixa dans Paris le premier Parlement.

M. Viard, époques de l'histoire de France.

1285.

ORDONNANCE concernant les bourgeoisies. On y voit que pour cesser d'être bourgeois, il falloit payer finance, comme pour le devenir.

1291.

Second âge des francs-fiefs. A peu de différence près, les roturiers, qui avoient acquis à la charge du service, furent assujétis au droit, comme ceux qui avoient acheté en exemption de ce service. *Voyez* 1275. Les Jurisconsultes n'ont considéré que cette époque, lorsqu'ils ont dit, & tant répété depuis, que le droit de franc-fief marque essentiellement la tache originelle du roturier, son inhabileté à posséder des fiefs. Cette question est approfondie au nouveau Denisart, mot *Franc-fief.*

1294.

On voit dans des lettres de cette année, concernant le ſervice des Nobles dans la guerre contre l'Angleterre, après la confiſcation de la Guyenne, que les Nobles avoient déja introduit l'uſage de ſe faire payer de leurs ſervices. Défenſes leur ſont faites de prendre ni don, ni loyer, à raiſon de cette guerre, mais faculté leur eſt accordée de prendre les gages accoutumés au pays, lorſque chacun aura ſervi ſon ſeigneur, ſelon ce qu'il eſt tenu.

D'autres lettres font mention du péage royal d'Aix. *Voyez* 1224. Plus on étudie l'hiſtoire des impôts, plus on ſe perſuade que la plupart furent créés à l'exemple des droits ſeigneuriaux, dont il ne furent d'abord que des extenſions & dont ils conſerverent long-temps la nature. *Voyez* 1342 & 1413.

Vers le même temps, il y eut une ſédition à Rouen. La populace accablée d'exactions inconnues, ſe ſouleva contre les gens de l'Echiquier, les aſſiégea dans le château de la ville, enfonça les portes de la maiſon du Receveur, ſe ſaiſit de la caiſſe, & répandit par les rues l'argent qu'elle renfermoit. Les plus mutins furent pendus. *Velly, an* 1294.

1295.

Permiſſion à la ville de Lyon de lever un droit ſur les marchandiſes qui s'y vendent. C'eſt un des premiers exemples d'octrois des villes.

1296.

« En cet an, fut faite une exaction qu'on appela » Maltote, premiérement des marchands seulement, derechef le centieme & le cinquantieme des biens de chacun, tant des *Clercs*, » comme des Laïcs ». *Chronique de saint Denis.* Le Pape défendit au Clergé de payer. Le Clergé fut le premier défenseur des droits du Roi. Plusieurs villes racheterent le cinquantieme.

Mandement au Sénéchal de Carcassonne de ne pas souffrir que les clercs, vivant cléricalement, soient imposés aux Tailles. Nous venons de dire qu'ils contribuerent au cinquantieme. C'est que les Tailles étoient des redevances seigneuriales auxquelles les clercs n'étoient pas tenus. Le cinquantieme étoit un subside momentané & extraordinaire ; les tailles étoient une prestation personnelle, le cinquantieme étoit une prestation réelle.

Dans le même temps que Philippe levoit des subsides sur ses sujets, sans leur consentement, il s'engageoit à protéger les habitans de la ville de Lille, contre leur comte, & empêcher qu'il ne fût levé sur eux aucun impôt sans sa permission, & sans leur consentement. *Juin* 1296. *Sans sa permission* ; quels progrès l'autorité avoit faits en un siecle ? *Voyez* 1190.

Vers le même temps, il se fit une révolution bien importante dans les Communes. Les offices d'Echevins & les Communes mêmes furent mis dans la main du Roi, & ne purent être exercés qu'en son nom, *9 Février 1296*. Ainsi s'éteignit la premiere différence entre les Communes & les Bourgeoisies. *Voyez* 1223.

1302.

Phillippe-le-Bel, dit Boulainvilliers, fut le premier qui exigea des *subsides* de ses sujets. Enguerrand de Marigny lui conseilla d'obtenir par douceur ce qu'il ne pouvoit emporter d'autorité. Il convoqua les trois Ordres du royaume, & ce fut la premiere fois que le Tiers-Etat y fut admis. Les Nobles & les Communes se défiant des intentions du Clergé, au sujet de l'affaire de Boniface, dont il devoit être spécialement question, se rétirerent & opinerent ensemble, mais séparément du Clergé. D'ailleurs, les Communes firent aussi quelques actes, seules & sans le concours des Nobles. Peut-être est-ce là l'origine du votement séparé des Ordres. Le résultat de l'Assemblée fut de soutenir l'indépendance de la couronne, & de secourir le Roi contre le comte de Flandre. « On lui présenta corps & biens, » *Pasquier*, *chap. 7*, *liv. 2*. Le Clergé déclara qu'il assisteroit le Roi de ses conseils & de secours convenables.

Les esprits étoient bien disposés. De son autorité seulement & de l'avis des Prélats, de ses Barons & de ses autres Conseillers, il rendit une Ordonnance pour la levée du dixieme des biens, « avec promesse de ne prendre de ceux » qui payeroient l'impôt, ni vivres ni emprunts » forcés, & de n'en point exiger la contribution » qu'ils avoient promise pour l'entretien de » l'armée » ; de sorte que cette subvention peut être regardée comme une simple commutation du secours accordé en nature.

Pour faire exécuter son Ordonnance, Philippe envoya des commissaires dans les Bailliages & Sénéchaussées particulieres. La douceur des tempéramens qu'il y met est remarquable. Il enjoint à ses commissaires de tenir son Ordonnance secrette, de parler au peuple par *douces paroles*, afin de *l'attraire* à son intention, de ne pas lever ces finances contre la volonté des Barons en leurs terres, de les mener à ce qu'ils le *voulussent* souffrir, de lui faire connoître ceux qui lui seroient contraires, à ce qu'il y mît conseil & les menât, & les traitât par belles paroles, *si courtoisement* qu'esclandre n'en pût venir.

1303.

Même marche, aide d'un gentilhomme armé par chaque cent feux de terre possédée par les gens d'Eglise & les Nobles, & de six sergens à pied par chaque cent feux, à fournir par les roturiers. Sous le nom de gens d'Eglise, on n'entendoit que leurs biens patrimoniaux; car il y avoit une décime levée sur les biens de l'Eglise, « & cette aide nous recevrons de » grace, sans qu'elle courre à *préjudice*, & sans » qu'aucun droit soit ôté ni amenuisié, & droit » nouvel acquis ni accru à nous ».

1304.

Nouveaux secours levés de même, séparément en chaque bailliage ou province, accordés de *pure grace*, sans que pour ce *nouveau* droit nous soit acquis. Cette clause nommée de *non préjudice*, fut si souvent répétée, qu'elle ne fut plus regardée que comme de style.

Premier Février -- Mandement aux gardes des ponts & passages, d'empêcher qu'on ne transporte aucune marchandise hors du royaume, sans en avoir obtenu la permission, pour laquelle on falloit payer le droit de reve ou de recette, premier droit de traites.

1306.

27 Août, Mandement aux commissaires sur le fait des Juifs, de vendre leurs biens immeubles au plus offrant & dernier enchérisseur. Les Juifs procurerent souvent de grandes ressources. Sous prétexte des usures qu'ils exerçoient, on

les punissoit sans égard, on les bannissoit, on leur permettoit ensuite de revenir, moyennant nouvelles finances, & on croyoit faire une bonne œuvre.

Février. -- Concordat entre le Roi & l'Evêque de Mende, par lequel le Roi s'oblige de ne lever taille dans le Gévaudan, domaine commun entr'eux, que pour la défense générale du royaume. Ainsi les tailles perdoient insensiblement leur nature de redevances seigneuriales, elles devenoient des impositions royales exigibles momentanément.

Ne pouvant plus résister aux cris du peuple, Philippe fit faire de la bonne monnoie, mais sans réformer la monnoie foible; Paris se révolta, le Monarque fut d'abord obligé de dissimuler, mais ayant fait venir quelques troupes, vingt-huit des plus coupables furent pendus, cependant il réduisit la valeur de la monnoie foible à ce qu'elle étoit intrinséquement. Mais l'affoiblissement ayant recommencé en 1310 & en 1314, on ne vit que troubles & séditions.

1308.

Subvention à l'occasion du mariage d'Isabelle, fille du Roi, devenant Reine d'Angleterre.

1310.

Révocation des aliénations des greffes, notariats, ſceaux & autres offices.

1313.

Décembre. — Mandement pour lever l'aide due au Roi à cauſe de la chevalerie de ſon fils Robert. En levant de nouveaux impôts, les Rois ne vouloient rien perdre de leurs anciennes redevances.

Convocation de Notables. Les députés s'étant laiſſé gagner, on y fit paſſer, quoique ſans décret de leur part, l'impoſition de ſix deniers pour livre des marchandiſes dont l'exaction avoit déja excité des révoltes. Les villes de Picardie & de Normandie s'oppoſerent au nouvel impôt, le reſte appella la juſtice du ciel ſur la tête de Marigny, auteur de toutes ces écorcheries. *Mezerai.*

1314.

Fin du ſecond âge des apanages. Philippe-le-Bel ordonne, qu'à défaut d'enfans mâles, les biens reviendront à la Couronne. *Voyez* 1225, 1354 & 1474.

Au lit de la mort, Philippe-le-Bel, dépenſier juſqu'à la prodigalité, touché d'un repentir trop tardif, fit ceſſer la levée des nouveaux impôts, & ordonna à ſon fils de les modérer, & de fabriquer de bonne monnoie.

LOUIS X. (*le-Hutin*,) 1314—1316.

LE premier des ſur-intendans des finances (ils n'avoient pas encore ce titre,) dont le nom ſoit venu juſqu'à nous, eſt le malheureureux Enguerrand de Marigny, Comte de Longueville. A peine Philippe-le-Bel étoit mort, «qu'Enguerrand fut mandé devant le Roi pour »rendre compte des finances. Il eut l'audace de »ſoutenir à l'oncle de ſon maître, qu'il en avoit »eu la meilleur part. Il fut arrêté à quelques »ſemaines delà, comme il venoit au Conſeil, »le 10 Mars 1315. On l'accuſoit d'avoir altéré »les monnoies, d'avoir chargé les peuples d'im»pôts, d'avoir volé pluſieurs grandes ſommes »& dégradé les forêts du Roi. Son procès lui »fut fait dans le bois de Vincennes par des »Seigneurs, Pairs & Barons du Royaume, qui »le condamnerent au gibet, le ſamedi de de»vant la fête de l'Aſcenſion. Le ſamedi ſuivant, »on le transféra du Temple au Châtelet, & »delà, on le conduiſit à Montfaucon, où, au »plus haut du Gibet, avec les autres larrons, »fut pendu. Ses richeſſes immenſes, dit Mezerai, »prouvoient aſſez la juſtice de cet arrêt». Cependant ſa mémoire a été rehabilitée en 1324.

Louis-le-Hutin ſuivit les intentions de ſon

pere. Il ſupprima toutes les mauvaiſes coutumes, révoqua tous les ſubſides nouveaux, & remit la valeur de la monnoie, au taux qu'elle avoit ſous ſaint Louis. Mais preſſé par de nouveaux beſoins, & encore par la guerre de Flandre, il aliéna de ſes domaines, il fit des emprunts, non forcés, mais volontaires; & affranchit tout ce qui reſtoit de ſerf dans ſes domaines, moyennant finance, *Lettres des* 3 & 5 Juillet 1315. Cette fois il fallut devenir libre & payer malgré ſoi. L'impôt fut tellement conſtitué, que la ſervitude n'en eut pas diſpenſé.

PHILIPPE V. (*Le Long.*) 1316--1322.

1316.

28 Août. --ORDONNANCE portant que les ſommes qui proviendront des confiſcations, ſeront employées pour les rentes à vie ou perpétuelles. Les impôts n'étoient pas encore formés. L'Etat avoit déja des charges. *Voyez* 1351.

21 Décembre. -- Lettres portant réunion à la Couronne des Domaines que le Roi poſſédoit avant d'être Roi, pour reſter dans le même état & dans les mêmes reſſorts qu'ils étoient, avant qu'ils lui fuſſent donnés en apanage. Faut-il conclure de ce fait, que les terres poſſédées par les Rois lors de leur avénement au

au Trône, n'étoient pas de plein droit réunies à la Couronne, & qu'il falloit des lettres précises pour opérer cette réunion ? Le principe de la réunion de plein droit s'étoit établi sans loix, & par le seul fait de Hugues-Capet, qui, parvenu au Trône, avoit incorporé à l'être de la Couronne, les Domaines qu'il possédoit étant Duc. Conformément à cet exemple, les Domaines de tous ses successeurs avoient été de plein droit réunis à la Couronne par leur avénement au Trône.

Avant d'être Roi, Philippe-le-Long avoit été Régent, Louis-le-Hutin ayant laissé sa veuve enceinte. Louis mourut à la fin de Mai, sa veuve accoucha le 15 de Novembre, d'un fils nommé Jean, qui mourut huit jours après. Ainsi durant sa Régence, Philippe conserva ses biens, qui ne quitterent leur nature patrimoniale qu'à l'instant de son avénement au Trône. Pour lever le doute que la question présentoit, non pas sur cette réunion, mais sur son droit même au Trône, auquel le Duc de Bourgogne vouloit faire monter Jeanne, fille du premier lit de Louis-le-Hutin, Philippe annonça par ces Lettres, que le Trône lui étoit dévolu, & qu'il ne doutoit aucunement de son droit. En effet les Etats jugerent en sa faveur, dès le mois de Janvier de la même année.

1317.

24 Février. -- Origine des droits d'ufage & de nouveaux acquêts.

1318.

Juillet. -- Greffes, notariats, tabellionages, déclarés domaniaux. Révocation de toutes les aliénations du Domaine faites à titre gratuit depuis St. Louis. *Voyez* 1285, *page 6*.

1319.

Aide accordée par les Habitans d'Auvergne; déja d'autres provinces en avoient accordé de femblable, d'autres en accorderent enfuite, encore pour la guerre de Flandre. Toutes ces Lettres portent la claufe de non-préjudice. *Voyez* 1304.

20 Avril. -- Droits d'aubaine & de batardife prefque enlevés aux Seigneurs.

1320.

Recette du Domaine ôtée aux Baillis & Sénéchaux, & confiée à des Receveurs.

1321.

19 Mai. -- Origine du droit de haut-paffage, fecond droit de traites. Vers cette année Philippe-le-Long mit des impôts, fous prétexte d'une croiffade qui n'eut pas lieu. « Entr'autres il »requit au Pape le dixieme des bénéfices, le »Pape le lui avoit accordé, pourvu que les Pré-

»lats y consentissent. Les Prélats, après avoir assemblé les gens d'Eglise de leurs Dioceses, »firent réponse que le passage d'outre-mer n'étoit »pas prêt, & que quand ils verroient que be»soin en seroit, ils octroiroient volontiers le »dixieme, ou iroient en personne avec le Roi. »Sur cette dissimulation le dixieme ne fut pas »levé. *Nicole Gilles* ».

Projet d'établir un seul poids, une seule mesure, une seule monnoie en France. Trop de Seigneurs étoient intéressés à ce que la réforme ne se fît pas. Les intentions du Monarque furent calomniées.

1322.

12 Novembre. -- Mandement, portant que les gens du Parlement seront payés de leurs gages, sur le produit des amendes.

CHARLES IV, (*Le Bel.*) 1322--1328.

Le successeur d'Enguerrand de Marigny, *Voyez* Louis X, ne fut ni plus sage, ni plus heureux que lui. Gérard de la Guette avoit eu le souverain maniment des finances sous Philippe-le-Long, & avoit été grand *fabricateur* d'impôts. Au commencement du regne de Charles IV, en 1322, étant recherché & arrêté pour ses déprédations, il fut appliqué à la queſtion, qu'on lui donna ſi rude, qu'il mourut dans les tourmens. Son corps fut cependant traîné dans les rues, & pendu au gibet de Mont-Faucon. *Mezerai.*

Pierre-Remy de Montigny, ſous Philippe VI, n'eſt connu que par une fin pareille.

Le gibet de Mont-Faucon, dit Paſquier, fut fatal à tous ceux qui y firent toucher. C'étoit Enguerrand qui l'avoit fait conſtruire, il y périt. Pierre-Remy le fit rétablir, il y fut attaché ; & de notre temps, Maître Jean Moulnier, Lieutenant-Civil de Paris, y ayant fait mettre la main pour le refaire, la fortune courut ſur lui, ſinon de la penderie, comme aux deux autres, pour le moins d'amende honorable.

1322.

Février. -- Subſide ordonné par le Roi, pour le ſecours de la Terre Sainte.

1324.

Janvier. -- Lettres pour faire lever une impoſition ſur les marchandiſes qui entreront dans Paris, à la décharge des Bourgeois qui s'étoient obligés d'entretenir deux cents hommes d'armes pour la guerre de Gaſcogne.

Les Rois agiſſoient avec plus d'autorité lorſqu'il s'agiſſoit de voyages d'outre-mer, de ſecours de la Terre Sainte, que lorſqu'il s'agiſſoit de leurs propres guerres. Ici le conſentement des Sujets précédoit l'imposition, là il ne paroît pas avoir été requis. C'est que déja l'occasion des croisades avoit formé l'un des cas de la Taille. *Voyez* 1190. Il falloit moins de cérémonie pour les cas déja usités, il y avoit moins d'innovation; mais l'innovation ayant été répétée, cette fréquence de répétitions forma le nouvel usage.

1325.

Mars -- Réforme d'un droit déja subsistant, sur le poisson de mer à Paris.

1327.

Le Pape fit de fortes levées sur les Eglises de France. Le Roi s'y opposa d'abord avec vigueur; mais il se relâcha aussi-tôt que le Pape lui eut permis de lever des décimes sur son Clergé, deux ans de suite. Ainsi, dit *Mezerai*, l'un & l'autre apprenoient à leurs successeurs à partager les biens sacrés.

PHILIPPE VI (*de Valois*) 1328-1350.

Quam salicam teneris legem sanxistis ab annis
Hanc ego collapsam tempore restitui.

Pasquerii Icones.

1331.

Mars. -- ORDONNANCE faisant mention de deux sortes de tailles, l'une pour les besoins de l'Etat, l'autre pour servir à l'acquittement des charges & dépenses des villes. Cette Ordonnance concerne la ville de Laon. Paris, Orléans, Laon, & les autres villes qui composerent le premier domaine des Rois de la troisieme race, sont celles dans lesquelles il faut, par cette raison, chercher l'établissement des premiers impôts.

1332.

27. Janvier. -- Exemption de la gabelle des draps en Languedoc, en faveur des Nobles. Déja ce second Ordre étoit ménagé, afin de soumettre plus aisément le dernier. Le premier Ordre étoit assez foulé. *Voyez* 1327.

1333.

8. Décembre. -- Déclaration portant que le Roi sera payé de ses rentes & revenus avant tous autres créanciers. Ce privilége a été étendu aux droits & impositions.

1335.

9 Décembre. -- Contrainte par corps contre les Receveurs du domaine. Elle a été étendue depuis à tous les Receveurs des Fermes & Régies.

1336.

L'Etat avoit à soutenir les frais d'une guerre dispendieuse. Les peuples contribuerent d'abord sans murmure; mais quand ils virent que plus ils faisoient d'efforts, plus on les chargeoit, ils se révolterent. *Mezerai.*

1338.

Assemblée des Etats, dans laquelle, en présence de Philippe de Valois, il fut arrêté qu'il ne se feroit à l'avenir aucune imposition, que du consentement des Etats, & pour le bien très-évident de l'Etat, & pour très-urgente nécessité. *Nicole Gilles.*

Le recueil des Ordonnances du Louvre est plein d'Ordonnances de ce regne, concernant les subsides accordés par différens Etats des provinces, & portant toutes la clause de non-préjudice. *Voyez* 1319 & 1304.

1340.

Dernier Janvier. -- Permission aux gens des comptes d'augmenter le prix de l'or & de l'argent, & d'affoiblir les monnoies. Lorsque les peuples accordoient des subsides, la premiere condition étoit que l'on ne toucheroit point aux monnoies. Mais cette clause souvent consentie étoit toujours éludée. Le marc d'argent qui en 1333 ne valoit que cinquante-sept sous, valoit en 1342 treize livres dix sous.

1342.

Origine de la Gabelle. Elle ne devoit avoir lieu que pour un temps. Les peuples se plaignirent de sa prorogation, & demanderent à

Philippe s'il entendoit la réunir à ſon domaine, pour la faire durer perpétuellement. On regardoit donc comme droits domaniaux, les droits établis ſur certaines denrées. C'étoit en effet la couleur que les Rois leur avoient donnée. *Voyez* 1294. Le domaine & les droits domaniaux étoient donc dès-lors regardés comme inaliénables & impreſcriptibles. Philippe répondit que ſon intention n'étoit pas d'unir ce droit à ſon domaine. « Ainçois pour la déplai» ſance qu'elles font à notre peuple voudrions» nous que par bon conſeil & avis, bonne » voie & convenable fut trouvée par laquelle » on mit bonne proviſion ſur le fait de notre » guerre, & leſdites Gabelles & impoſitions » fuſſent abattues à toujours. Ordonnance du » 15 Fevrier 1345 ».

« De l'invention de la Gabelle, le Roi acquit » l'indignation & *malveillance* des grands com» me des petits, & de tout le peuple. Les » Anglois l'appellerent plaiſamment l'auteur de » la loi *ſalique* ».

1346.

15 Janvier. -- Réglement des honoraires des Généraux des Gabelles. On peut faire remonter juſques-là l'origine des Généraux des Aides & conſéquement des Cours des Aides.

1347.

Septembre. -- Cession faite par le Roi aux habitans de Calais de toutes les forfaitures, meubles & héritages qui lui échoiront pour quelque cause que ce soit, & de tous les offices, quels qu'ils soient, vacans, dont il appartient au Roi ou à ses enfans d'en pourvoir. Premieres traces de la vénalité des charges.

1348.

L'argent manquoit. On se mit à pressurer les Financiers : entr'autres Pierre des Essards, Trésorier du Roi, fut condamné à la somme de cent mille florins d'or, qui fut modérée à la moitié. Ensuite pour satisfaire aux plaintes des peuples, on commit pour le maniement des Finances deux Evêques, deux Abbés & quatre Chevaliers. Enfin on chassa du Royaume tous les usuriers italiens, nommés Lombards. Le Roi y gagna 400,000 liv. qu'ils lui avoient prêtées, & les peuples furent soulagés de plus de deux millions d'intérêts. *Mezerai.*

La misere fut extrême sous ce regne. Les sentimens à l'égard du Roi étoient à sa mort bien différens de ce qu'ils avoient été lorsque les peuples lui décernerent la couronne. Ce n'est pas assez dire, que de dire qu'il mourut peu regretté. Mais le regne suivant vengea sa mémoire. *Villaret.*

JEAN (*le Bon*) 1350-1364.

1350.

5 Janvier. -- ORDONNANCE dans laquelle il est fait mention des offices de courtiers-jaugeurs, de déchargeurs de vin, & de plusieurs autres offices, dont les salaires ont été depuis convertis en droits.

5 Avril. -- Assemblée des Etats : le Clergé accorde un subside; les Nobles & les Communes de Normandie répondent qu'ils n'ont pas de pouvoirs suffisans. Chacun retourne chez soi, & le Roi envoie des Commissaires dans les différentes villes, qui chacune accordent des subsides semblables ou différens. Chaque Ordre ne parloit que pour soi.

1351.

Juin. -- Défenses de faire, dans la ville de Paris, des prises de matelas, de coussins, de vivres & de chevaux pour le Roi. On peut juger, par ces défenses, des sortes d'exactions qui se faisoient alors.

Septembre. Surséance jusqu'à la fin de la trêve au payement des dettes du Roi, soit qu'elles proviennent du chef de ses prédécesseurs, soit qu'elles proviennent de son chef. Ainsi 1°. il y avoit déja une dette nationale, à laquelle les Rois ne doutoient pas qu'ils ne fusſent tenus ; 2°. les créanciers de l'Etat éprouvoient déja des retards fâcheux. *Voyez* 1316.

1354.

24 Août. --- Aide levée dans les terres du duc d'Orléans avec ſon conſentement. Il falloit donc le conſentement des Princes apanagés, pour lever des ſubſides dans leurs terres. *Voy.* 1474.

1355.

Deux célebres aſſemblées d'Etats - Généraux. Les principes y furent poſés. Déja le Roi Jean avoit convoqué une fois les Etats - Généraux de ſon Royaume, & pluſieurs fois ceux des Provinces : pluſieurs fois encore il s'étoit adreſſé aux Bailliages & Sénéchauſſées particulieres, dont il obtint ce qu'il put. Les ſubſides accordés dans toutes ces aſſemblées, ne le ſont « qu'en la maniere, ſous les *conditions*, modi» fications & devis contenus en la forme qui » en ſuit. Les Ordonnances rendues en conſé» quence fixent le premier payement du ſubſi» de à l'époque, où les lettres royales, qui » auront ratifié les conditions, auront été dé» livrées aux provinces & Sénéchauſſées ».

L'une des premieres conditions étoit le droit excluſif que les peuples ſe réſervoient de faire eux-mêmes la levée des ſubſides, & de n'en compter qu'aux Magiſtrats municipaux. Quelques lieux avoient été plus loin, & avoient ſtipulé qu'eux ſeuls feroient l'emploi des deniers. *Maximes du droit public françois*, *page* 205.

Obſervons que les Nobles & le Clergé paroiſſent dans les contributions à tous ces ſubſides, & qu'ils jouent les premiers rôles dans l'impoſition & dans la perception.

L'aſſemblée de cette année différe des aſſemblées précédentes. A celles-ci, notamment à celle de 1350, les Etats de Languedoc avoient été réunis avec ceux de la Languedoyl. Ils furent ſéparés cette fois, & cette ſéparation dura long-temps. C'eſt dans cette aſſemblée que le *veto* des Ordres fut érigé en principe, *ſans que la voix des deux Etats puiſſe conclure la tierce*. Il y auroit bien des choſes à dire ſur ce texte. *Voyez* 1350.

28 Décembre. -- Ordonnance ſur le ſubſide. Il conſiſtoit dans une gabelle ſur le ſel & huit deniers pour livre du prix de la vente de toutes marchandiſes. C'eſt l'origine du *gros*. Toutes manieres de gens, Clercs, *gens d'Egliſe*, *Nobles*, devoient y contribuer comme les non-Nobles. Neuf perſonnes, trois de chaque état, furent élues *Superintendans* pour ordonner la levée des droits, & l'*emploi* des deniers, & commander *par-deſſus* les Elus particuliers, qui, dans les différentes provinces, avoient la premiere inſpection & adminiſtration.

12 Mars. -- Nouvelle Ordonnance par ſuite d'une autre aſſemblée des Etats-Généraux. Il y fut reconnu que, le premier ſubſide étant inſuffiſant, ſoit parce qu'en lui-même il étoit trop modique, ſoit parce que quelques provinces avoient *refuſé* d'y contribuer, il falloit en accorder un nouveau. Les refuſans n'étoient donc pas liés par le vœu général, par celui du plus grand nombre.

Les provinces, qui n'avoient pas conſenti au premier ſubſide, ne ſe trouverent point à cette ſeconde aſſemblée générale. Il ne faut pas en conclure qu'elles ne payerent rien, mais qu'elles préfererent des aſſemblées partiaires.

Les anciens impôts furent abolis. Les Etats leur ſubſtituerent une taille ou capitation proportionnée aux revenus des biens.

On peut obſerver, dit M. *Leveſque*, que dans le ſubſide accordé en Mars, le pauvre fut le plus maltraité. On payoit le vingtieme pour un revenu au-deſſous de cent livres. Pour un revenu de cent livres & au-deſſus on ne payoit que le vingt-cinquieme ou quatre livres. Pour chacune des autres cent livres juſqu'à cinq mille livres, on ne payoit que quarante ſols, & pour l'excédant de cinq mille livres, on ne payoit rien. *La France ſous les cinq premiers de Valois*. L'obſervation eſt juſte; mais il y faut ajouter que l'impôt étoit tellement combiné que 1°. le plus pauvre, celui qui ne vit que de son industrie ne payoit presque rien : 2°. les Nobles, qui alors étoient les plus riches, payoient aussi plus que les moins riches. *Le plus riche des Nobles ne payera que 102 livres, & le plus riche des non-Nobles ne payera pour sa personne que 22 livres* : 3°. Les Ecclésiastiques étoient, pour biens autres que ceux de l'Eglise, taxés comme les autres sujets, & par rapport aux biens de l'Eglise, ils contribuoient, *sans pouvoir s'en franchir, non plus qu'ils faisoient de leurs dixiemes, quand les dixiemes nous étoient octroyées.*

1356.

26 Mai. Ordonnance après autre assemblée nouvelle qui proroge le subside. La conduite des Elus & des Généraux donna lieu à beaucoup de plaintes.

Pourquoi encore une Ordonnance ? La Finance ne semble pas faire l'objet d'une loi quelconque. La loi exige l'autorité du Roi. L'impôt se fait, se crée, prend l'être par le consentement des Etats. Cette forme de promulguer des Ordonnances pour confirmer les subsides accordés, pour en ordonner la perception, ou ajoute quelque chose au subside, ou n'y ajoute rien. Si elle y ajoute quelque chose, elle eſt vicieuſe, & ſon origine, en ce cas, ne remonte pas au-delà de l'ordonnance de Philippe-le-Bel. *Voyez* 1302. Mais Philippe-le-Bel craignoit de montrer ſon Ordonnance au grand jour, il étoit perſuadé de ſon irrégularité, & il enjoignoit à ſes Commiſſaires de la tenir ſecrete. Si au contraire l'Ordonnance n'ajoute rien au ſubſide, au vœu des Etats, elle eſt entierement inutile. A l'inverſe de la loi que le ſujet peut demander, mais que le Roi ſeul peut former, l'impôt ſe forme par le ſeul conſentement des ſujets, & l'autorité du Roi ne peut ajouter à ſa valeur. *Voyez* 1354 & 1360.

19 Septembre. -- Bataille de Poitiers. Le Roi Jean priſonnier.

October. -- Aſſemblée des Etats-Généraux de la Languedoyl : aſſemblée infructueuſe : des Commiſſaires furent envoyés dans les provinces pour en tirer ce qu'on pourroit.

Aſſemblée très-utile au contraire en Languedoc. C'eſt peut-être à cette premiere facilité, que cette partie de la France a dû la permanence de ſes Etats.

Mars. -- Autre aſſemblée de la Languedoyl un peu moins infructueuſe que la précédente.

1356-1360.

Temps de troubles. Pluſieurs Etats-Généraux, la plupart inutiles, tous orageux. Révocation des aliénations du Domaine faites depuis Philippe-le-Bel. Gabelle en Languedoc & en Languedoyl. Aides, fouages & autres subsides, accordés par différentes provinces. Affoiblissement des monnoies.

Dans ces temps d'anarchie, le plus hardi savoit s'exempter de toute contribution; les plus riches roturiers imiterent l'exemple des Nobles, & les villes les plus fortes alors furent aussi celles qui payerent le moins, parce qu'elles surent le mieux résister aux exactions.

Nulle part on ne cultivoit la terre, le laboureur ne semoit point, parce qu'il ne pouvoit se promettre de recueillir; il n'osoit même se montrer dans son champ où il craignoit de trouver la mort. Le Bourgeois & le Marchand ne se hasardoient pas à sortir des villes.

Tandis que le Régent levoit d'impôts ce qu'il pouvoit, le Roi d'Angleterre & le Roi de Navarre en levoient de leur côté. Comment les Nobles auroient-ils payé? A la tête des bandes qui dévastoient le Royaume, ils ne savoient que piller, & mener leurs troupes au pillage.

1360.

8. Mai. -- Traité de Bretigny. Retour du Roi Jean en France. Il ne sortit de Calais qu'après que le premier payement stipulé pour partie de sa rançon eût été acquitté. La ville de

de Paris fut taxée au sixieme de la somme. On ne put se la procurer que par la voie des emprunts forcés, voie familiere alors, quoique *conventionnellement* proscrite par les Souverains & les sujets. M. *Levesque.*

5. Décembre. -- Ordonnance pour la levée d'une aide destinée à payer la rançon du Roi. Elle consistoit dans le cinquieme du sel, douze deniers pour livre de la vente des marchandises, & le treizieme des boissons. On ne voit pas que cette ordonnance ait été précédée de délibérations d'Etats-Généraux.

Si, avant sa captivité, le Roi Jean n'eût pas été dans l'usage de rendre des Ordonnances pour régler la perception d'un impôt formé par le consentement des Etats, jamais il ne se fût dispensé de ce consentement, & jamais il ne fût allé jusqu'à rendre une ordonnance formative de l'impôt. *Voyez* 1356, *page* 30.

Peut-être aussi jugea-t-on que la circonstance dispensoit d'une assemblée des Etats, parce qu'un long usage avoit consolidé l'exaction d'une aide à l'occasion de la captivité & de la rançon de tout Seigneur. *Voyez* 1190.

Quelques provinces refuserent de se soumettre aux aides établies par l'ordonnance. Pour s'indemniser de leur refus, le Roi Jean ordonna que ces provinces seroient assujéties au même droit de douze deniers pour livre ſur toutes les marchandiſes qui, des provinces ſoumiſes aux aides, entreroient dans ces provinces non-ſujettes. Telle eſt l'origine de la différence qui ſubſiſte encore entre les provinces des cinq groſſes Fermes, & celles qui leur ſont étrangeres. Ce droit a pris le nom d'*impoſition foraine.*

Pourquoi les provinces, ſe refuſant à payer le droit de Gros, ſe ſoumirent-elles plus facilement à payer le même droit, ſous le nom de droits de Traites ? Pourquoi plus de ſoumiſſion en un point qu'en l'autre ? C'eſt que les droits de Traites étoient encore regardés comme des droits de Péage, que les Seigneurs étoient en poſſeſſion d'établir. *Voyez* 1294, 1304 & 1321.

15. Avril. -- Diſtinction des deniers du Domaine de ceux des aides, deſtination des premiers aux dépenſes de la maiſon du Roi & de la Reine, & des derniers aux frais de la guerre. Heureux ! ſi cette diſtinction eût continué. *Voyez* 1401.

Rachat ou compoſition des aides en Languedoc, en Artois & en Flandre pour la partie qui étoit alors ſoumiſe au Roi. Ces rachats ou compoſitions n'avoient lieu que pour la durée de l'aide. Elles ſe ſont renouvelées dans la ſuite à chaque établiſſement de nouvelle aide.

1361

On trouve ſous ce regne des traces des premieres exemptions accordées aux officiers des Cours, exemption de péages, de tonlieu, de coutumes, de chauſſées, de travers & généralement d'exactions quelconques, « afin qu'étant » libres de tous obſtacles & empêchemens, ils » ne ſoient occupés que du ſoin de donner au » Roi des preuves de leur attachement & de leur » zele pour le bien de l'Etat ». A en juger par une piece de 1342, cet abus étoit déja ancien, & ſon origine ſe perdoit déja dans la nuit des temps. *Villaret.*

CHARLES V. (*le Sage*). 1364-1380.

1364.

17 Avril. -- CONFIRMATION de tous les Officiers dans leurs offices. Tous priviléges, toutes lettres étoient ou devinrent ſujettes à pareille confirmation, à raiſon de laquelle les Rois exigeoient des Finances. La remiſe de cet impôt, nommé depuis droit de joyeux avénement, fut l'objet du premier Edit de Louis XVI : (Mai 1774). Son ſecond ne fut pas la confirmation des Officiers, mais quelque choſe de mieux, le rétabliſſement des Cours & des Tribunaux de Juſtice.

1365.

27 Avril. -- Abonnement ou compoſition des Aides dans l'Artois & pays adjacent. Vers ce temps on commence à trouver quantité de lettres portant réduction de feux pour quantité de lieux. Mais ces lettres ne concernent guere que la partie de la France appelée alors le Languedoc. C'eſt qu'originairement les Aides ou Tailles extraordinaires y avoient été réparties par feux ; & ſoit que le nombre des feux eût diminué, ſoit que dès l'origine, le nombre en eût été exagéré pour tirer plus de parti de l'impôt, il étoit de toute juſtice de ramener le nombre des feux à leur véritable nombre. Ce n'eſt pas qu'on ne trouve auſſi quelques exemples d'impoſition par feux dans la Languedoyl ; mais l'impoſition y avoit eu ſans doute une autre forme qu'en Languedoc : & de-là la différence entre les pays de Taille réelle & ceux de Taille perſonnelle. L'effet de la nouvelle *réparation* des feux n'étoit pas toujours que les peuples payaſſent moins. Au contraire, on voit dans pluſieurs lettres que, quoique le nombre des feux fut réduit, il devoit cependant y avoir un émolument. C'eſt que l'impoſition nouvelle ſe faiſoit à raiſon de tant par feux, eu égard à l'ancien nombre, ſauf à ne la répartir que ſur le nombre réduit.

1366.

La Gabelle subsistoit tant en Languedoc qu'en Languedoyl. Le droit du Roi avoit été porté au-delà du taux ordinaire. Il fut réduit en conséquence d'une assemblée des Etats-Généraux, tenue à Chartres en 1367, qui en continua l'impôt.

Dans ce temps, les Confréries des différens Corps & Métiers commençoient à se former. Quelques-unes avoient même déja de la consistance. Plusieurs avoient des Statuts : telles entre autres les Confréries des Drapiers, des Chapeliers, des Boulangers ; & chacune d'elles faisoit un petit présent au Roi. *Le Roi notre Seigneur doit avoir son plat entier* : Statuts des *Drapiers*. Il ne faut pas en conclure que le Roi assistoit aux repas ; mais on lui payoit la valeur de son plat. Les Officiers de certaines Cours sont encore dans l'usage de recevoir du Fermier-Général, les uns des plats de marée, les autres des demi-plats.

1367.

22 Août -- Le Dauphiné, exempt de tout impôt, en accorde volontairement ; mais à condition qu'il choisira & nommera ses Collecteurs. *Voyez* 1457.

Vers ce temps, commencent les priviléges des Arbalétriers, priviléges qui ont subsisté long-temps. A mesure que les impôts se formoient, les exemptions en étoient plus recherchées ; & les Rois tiroient encore de nouveaux secours de cette grace qui ne leur coutoit rien, mais qui rendoit la charge plus lourde, en la faisant porter sur moins de têtes. Observons aussi que les lettres concernant ces priviléges sont rendues pour des villes de la Languedoyl, où les impôts prenoient nature de personnalité ; tandis que le principe contraire s'établissoit en Languedoc.

Une autre cause des priviléges date encore de ce regne. Les plus riches habitans, ordinairement les Maires & Echevins, ou autres Administrateurs des villes, se rendoient Adjudicataires des impôts, & en faisoient eux-mêmes la répartition dans laquelle sans doute ils ne manquoient pas de se ménager & de s'exempter entiérement. Ce mode injuste de répartition occasionna plusieurs révoltes. Enfin les Chefs de l'administration des villes eurent assez de crédit pour obtenir l'exemption.

Les Foires de Champagne & de Brie étoient célébres, & jouissoient de grands priviléges ; autre occasion d'exemptions locales.

Les Hôpitaux, Léproseries, Hôtels-Dieu, & autres semblables établissemens pieux obtinrent aussi l'exemption des droits d'Aides.

Semblables priviléges à l'Université. *Voyez* 1364.

Le droit de franc-fief avoit été exigé avec bien de la rigueur ; car il fut défendu d'en emprisonner à l'avenir les débiteurs, permis seulement de les contraindre par saisie de leurs biens. 16 Février 1367.

1368.

Le Roi d'Angleterre surcharge d'impôts les Sujets de ses domaines en France : ceux-ci implorent le secours du Roi de France.

1369.

Décembre. -- Les Etats - Généraux tenus à Paris accordent la continuation des douze deniers pour livre de la vente des marchandises, du cinquieme du sel & du treizieme de la vente du vin en gros ; ils y ajoutent le quatrieme de la vente du vin en détail, enfin un fouage de quatre liv. par feu dans les bonnes villes, & de trente sols dans le plat pays. Les droits d'entrée à Paris furent réglés sur le vin, de maniere que le meilleur payoit plus que le médiocre. Les villes consentirent très-gaiement à ces impôts, parce qu'elles savoient bien qu'ils seroient bien ménagés, & qu'ils cesseroient avec la guerre. *Mezerai.*

Plusieurs villes s'abonnerent tant pour le fouage que pour les Aides ; d'autres les racheterent. De-là l'origine des abonnemens.

1372.

Janvier. -- Priviléges accordés à la ville de la Rochelle. Ce ſont moins des priviléges de faveur que des aſſurances de la conſervation des droits. Le texte doit donner idée des innovations. Il y eſt dit 1°. qu'on ne pourra lever d'impôts ſur les habitans ni ſur leurs biens ſitués en Saintonge ſans leur conſentement. Ce n'étoit pas un privilége ; c'étoit le droit commun.

2°. Les Charges de Prévôt & Garde-ſcel ne devoient plus être données à ferme, mais en garde. Les villes affectionnoient les Prévôts en garde, comme appelés à cette charge ſans bourſe délier : *Paſquier*. Le bail des Emolumens offroit un appat dangereux à la cupidité des Adjudicataires.

3°. Le Prévôt ne devoit taxer les amendes que de l'avis de deux Bourgeois de la ville. Les amendes étoient alors arbitraires. Grand abus.

4°. Les habitans de la Rochelle étoient exemptés des droits ſur les marchandiſes qui ſeroient exportées de la ville pour être vendues hors du Royaume. Droits de Traites aux frontieres. C'étoit l'ancien régime. *Voyez* 1304.

5°. Les Officiers du Roi devoient contribuer aux charges de la ville. Ils avoient donc le crédit de s'en exempter induement. *Voyez* 1367.

Les mêmes habitans obtinrent de plus la noblesse pour leurs Officiers Municipaux. 8 Janvier.

Les Bourgeois de Paris ne jouissoient pas de moindres avantages. Décorés de tous les priviléges des Nobles, du droit de Garde Noble, de la faculté d'acquérir des fiefs, d'user de freins dorés & des autres ornemens militaires, de pouvoir être admis, ainsi que les Nobles d'extraction, à l'Ordre de Chevalerie.

Le Roi nommoit les Généraux des Aides.

Celles-ci étoient affermées au plus offrant & dernier enchérisseur dans chaque lieu. C'étoit à qui se rendroit Adjudicataire. Robins, Militaires, Ecclésiastiques, tous convoitoient ces marchés lucratifs. Un Réglement sévere défendit de leur faire aucune adjudication. Les Elus eurent même défenses de s'entremettre au fait de la marchandise.

1374.

Apanages des Fils de France réglés à douze mille livres de rente en fonds de terres, & quarante mille livres une fois payées lors de leur majorité, » pour se mettre en état & former » leur maison. La dot des Filles aînées étoit de 100,000 liv. celle des Cadettes de 60,000 liv. une fois payées, & en outre meubles, habits & joyaux *convenables à Filles de Rois de France.*

L'argent valoit dix fois plus qu'aujourd'hui. 100,000 livres d'alors avoient à-peu-près la valeur actuelle d'un million.

1375.

Les hostilités étoient suspendues. Le Roi avoit licencié une partie de ses troupes. Cependant les impositions furent continuées. *Villaret.*

1378.

Grande révolte à Montpellier occasionnée par les exactions du Duc d'Anjou. Les auteurs de la sédition payerent de leurs têtes. Mais le Roi ayant reconnu la rapacité du Duc, lui ôta le gouvernement de la province. *Mezerai.*

1380.

16 Septembre. -- Ordonnance de Charles, le jour de sa mort, par laquelle il fait remise des fouages arriérés, & abolit tous les impôts mis pour le fait de la guerre. Il y avoit d'autres impôts destinés à l'entretien de sa maison, & cela du consentement même des Etats, parce qu'ils vérifierent sans doute que les revenus des domaines trop épuisés n'étoient plus suffisans.

Charles V laissa de grands trésors : & sa mémoire n'est pas exempte de tout blâme. Mais on le rejette sur le Cardinal d'Amiens, Jean de la Grange, « ame dure, ambitieuse, avare, dont » les grandes possessions témoignoient bien qu'il » n'avoit fait doubler les subsides que pour s'enri- » chir lui-même ». *Mezerai.*

Charles V exigeoit un emprunt d'un particulier qui, pour ne pas prêter la somme demandée, s'excusoit sur le grand nombre de ses enfans en très-bas âge. *S'ils sont petits*, répondit le Prince, *ils dépensent moins, & vous serez payé avant qu'ils soient grands. Levesque, p. 425, t. 2.*

Il avoit donné à un de ses Gentilshommes une expédition d'une certaine somme d'argent sur l'un de ses Généraux. Celui-ci usoit de remise. Le Roi en fut informé, & envoya saisir par un Sergent la vaisselle du Général. *Le même, p. 423.*

Il ne faut que jetter un coup-d'œil sur les Ordonnances de ce Prince, pour découvrir une partie des mysteres d'iniquité journellement inventés par les Préposés aux recettes des impôts, pour ruiner le Prince & les sujets. Les Exacteurs jouissoient de l'impunité en fournissant à des Patrons puissans les moyens de subvenir à leurs folles dépenses. *Villaret.*

CHARLES VI. 1380-1422.

Quàm miserum puero fasces committere Regni,
Et fatuo, Francos, Carole Sexte, doces.

Pasquierii icones.

1380.

LE Roi défunt avoit laissé de grands trésors. L'or & l'argent monnoyé avoient été fondus &

réduits en lingots. Il y en avoit un dépôt à Paris dans une salle voutée du Palais. Il y en avoit un autre dans le Château de Melun, où il étoit scellé dans un mur. Le Duc d'Anjou les vola l'un & l'autre. *Voyez* 1614. Le Cardinal d'Amiens craignant sans doute un mauvais sort, plia bagage & se retira à Douai, de-là à Avignon, emportant aussi un trésor immense.

Cependant les Princes ne tinrent aucun compte des volontés du Roi défunt. Ils voulurent perpétuer les impôts : les peuples se révolterent ; il fallut faire de nécessité vertu : les impôts furent abolis. 16 Novembre. Ils ne le furent pas en Languedoc, où les peuples les continuerent librement. Il en fut de même dans l'Artois, le Boulonois, & pays adjacent. Tant il est vrai que la coaction a moins d'effet que la générosité. Déja il a été observé que c'est à pareille facilité que le Languedoc a dû la permanence de ses Etats. *Voyez* 1356. Les Princes voulurent revenir ensuite à la même forme. Les Etats de la Languedoyl furent convoqués en 1381 ; mais il n'étoit plus temps. Les esprits étoient prévenus : des coups d'autorité avoient dévancé les révoltes. Les Etats-Généraux refuserent tout subside.

1382.

Tous les impôts sont rétablis, Tailles, Aides

Gabelles, Traites, droits domaniaux. 21 Janvier. Les armes à la main, les Princes avoient appaisé les séditions, & ils auroient frappé de nouveaux coups, si on se fût opposé à leurs exactions, qui par cette raison ne durerent qu'autant que les peuples ne furent pas les plus forts.

26 Janvier. -- L'autorité des Généraux prend plus d'empire que précédemment. Leur pouvoir est consacré dans des lettres registrées au Parlement & à la Chambre des Comptes. Peu après paroissent les premieres lettres émanées directement des Généraux des Aides, & intitulées en leur nom : 22 Juin 1383. Delà les enregistremens en matiere de Finance substitués au consentement des peuples : delà les instructions des Généraux & leurs Ordonnances sur la forme de lever l'Aide, substituées aux limitations mises par les Etats mêmes. *Voyez* 1360.

Pour faciliter la perception, les Nobles & les Ecclésiastiques furent exceptés de l'assujetissement au droit de Gros. Les non taillables non nobles prétendirent à la même exemption. Une loi spéciale détruisit leurs prétentions. 24 Octobre 1383. Il y avoit donc déja des Roturiers non taillables. Nous avons déja indiqué l'origine de plusieurs de ces exemptions. Mais l'époque précise de chacune est encore inconnue. Qu'est-besoin de la chercher ? Les caractères des hommes ne changent point. Alors, comme aujourd'hui, les abus devenoient usages & loix. Les plus riches ont eu de tout temps le talent de se soustraire à l'impôt. *Voyez* 1367, 1372.

1385.

« De la façon dont les Oncles du Roi gouver» noient, on voyoit bien qu'ils avoient envie de » tirer jusqu'à la derniere goutte du sang des Peu» ples. Le Clergé, afin de s'assurer quelque chose » pour sa subsistance, tint une assemblée dans » laquelle il arrêta que ses revenus seroient divi» sés en trois parts, l'une pour l'entretien des » Eglises, l'autre pour les Ecclésiastiques, & la » troisieme pour le Roi, sans parler des pau» vres. *Mezerai.*

1387.

Usures des Juifs autorisées. Ils payoient de fortes sommes pour obtenir le privilége de vexer les peuples à leur maniere.

1388.

Le Roi s'applique au gouvernement de son Royaume, & les choses vont un peu mieux. En présence des Ducs de Berri & de Bourgogne & en plein conseil il avoit dit, qu'il voyoit faire à ses Oncles & autres par leur moyen des choses qui étoient plus au profit d'eux, que du bien public.

Distinction des Généraux des aides sur le fait

des finances, des Généraux au fait de la Justice. Véritable époque de l'origine des Cours, des Aides, & des frais de Justice.

1390.

« Vers la Mi-Juillet, comme le conseil étoit » assemblé à Saint-Germain en Laye, pour faire » de nouveaux impôts, & qu'en même-temps » le Roi & la Reine entendoient la messe, il » s'éleva tout-à-coup une épouvantable tempête » de vents, de grêle & de foudres, qui pensa » renverser le château sur la tête de ces mauvais » Conseillers, & les effraya tellement, qu'ils » n'oserent passer outre ». *Mezerai.*

1392.

Nobles & Ecclésiastiques maintenus dans l'exemption du gros. Les Cours Souveraines n'obtinrent pareil avantage qu'en 1397. On peut fixer à ce regne & au précédent, voyez encore 1361, l'espece de liguc formée entre les Nobles & les Privilégiés contre le Tiers ; & quels Prévilégiés ? Ceux qui avoient l'autorité en main, qui concouroient à la formation des impôts.

L'Elu du Clergé l'étoit encore par lui, les Elus des Nobles & du Tiers étoient commis par le Roi. *Instructions du 4 Janvier 1392, art. 2.*

1401.

« La friandise de manier les deniers royaux de-

» vint telle, que les Princes voulurent avoir part
» au gâteau. Le Duc d'Albret l'an 1401, après
» lui, le Duc d'Orléans en 1402, furent com-
» mis pour préſider par-deſſus les Généraux;
» les Ducs de Berri & de Bourgogne voulu-
» rent être de la partie, & à vrai dire, les
» jalouſies des deux maiſons d'Orléans & de
» Bourgogne, qui depuis cauſerent la déſolation
» de la France, furent fondées ſur cette que-
» relle ». *Paſquier*.

Dernier Février. -- Ordonnance qui déclare le domaine inaliénable. Ce n'eſt pas une déciſion nouvelle c'eſt une confirmation de l'ancien principe. *Voyez* 1342. Depuis cette loi, les aliénations furent plus multipliées que jamais, parce qu'à meſure que nos Rois eurent plus d'impôts ils eurent moins de ſoin de leurs domaines. *Voyez* 1360 & 1380.

1402.

Exemption du droit de Gros accordée aux Commenſaux & aux Hôpitaux. *Voyez* 1392. Depuis long-temps, les Commenſaux jouiſſoient de pluſieurs exemptions. Le déſir d'y participer avoit excité une multitude de gens de toute eſpece à ſe faire agréer comme aſpirans ou comme titulaires. Un réglement particulier de 1386 avoit révoqué l'exemption de tous les ſurnuméraires & ſurvivanciers.

1404.

1404.

« Le Duc d'Orléans étoit un gouffre que rien » ne pouvoit remplir. Il fit assembler le Con- » seil pour ordonner de nouvelles levées. Jean, » Duc de Bourgogne, s'y opposa fortement, & » par-là s'acquit l'amour des Parisiens. Néan- » moins la pluralité des voix l'ayant ramené à » l'avis des autres, on fit de nouvelles imposi- » tions sous prétexte d'un grand armement : les » Princes étoient convenus d'en serrer l'argent » dans une des tours du Palais, & qu'il n'y seroit » touché que d'un commun accord. Le Duc » d'Orléans ne laissa pas d'y venir une nuit avec » main-forte & d'en enlever la meilleure » partie ». *Mezerai.* L'imposition nouvelle fut une taille générale de dix-huit cent mille livres. Elle fut ordonnée avec clause de poursuivre les contrevenans comme criminels de *lèse-Majesté.* Cette imposition fut répétée quelques années de suite.

1405.

« On se scandalisoit à la Cour & dans Paris » de la trop grande union qui paroissoit entre le » Duc d'Orléans & la Reine, & de ce qu'ils ti- » roient à eux tout le gouvernement, & acca- » bloient le Royaume par des exactions redou- » blées & violentes ». *Mezerai.* La Reine étoit Isabelle de Baviere, morte en horreur à tous les bons François en 1435. *Henault.*

« Advint une fois que le Roi dînoit & étoit » à table, la nourrice de Monſeigneur le Dau- » phin vint devers le Roi & lui dit qu'on ne » pourvoyoit en rien audit Seigneur ni à » ceux ni à celles qui étoient autour de lui ; » qu'il n'avoit que manger ni que vêtir ; qu'elle » en avoit parlé pluſieurs fois à ceux qui avoient » le gouvernement des finances, mais que nulle » proviſion n'y étoit miſe. Le Roi fut mal con- » tent de ce, mais dit à la nourrice que lui- » même ne pouvoit rien avoir. *Juvenel.*

1409.

Recherche des Financiers. Jean de Montagu, Surintendant des finances, fut arrêté le 7 Octobre, & condamné à perdre la tête, par des Commiſſaires du Parlement, qui le tourmenterent cruellement à la queſtion. Les généraux de la Juſtice ne jugeoient donc pas encore au grand criminel. Montagu fut exécuté le 17, aux Halles de Paris. Sa mémoire fut réhabilitée trois ans après.

Le plus rude ſupplice des mauvais financiers & le plus utile au public, n'eſt pas de les pendre ; mais de rogner tellement les griffes à leur rapacité qu'ils ne puiſſent pas mériter d'être pendus. *Mezerai, an 1328.*

L'effet de la recherche des financiers fut qu'on deſtitua tous les Tréſoriers, & qu'on donna le maniment des deniers à de bons Bourgeois, riches & reconnus pour gens de bien. Cette recherche fit beaucoup de plaisir aux Parisiens ; mais ne soulagea personne.

1413.

Origine du droit Domanial sur les fers & autres métaux. Pour moins effaroucher les esprits, on couvroit encore, autant qu'il étoit possible, tout impôt nouveau du prétexte de Domanialité. Au reste, tout prétexte sembloit bon alors, pourvu qu'il en revînt quelque profit. Le droit de la marque d'or & d'argent, & celui de la marque des fers, sont dérivés de ce droit sur les mines.

Pierre Desessards, qui avoit fait exécuter Jean de Montagu, fut exécuté lui-même le 1er. Juillet 1413. Deux ans avant, le Duc de Brabant, frere du Duc de Bourgogne, le lui avoit prédit. Mon ami, lui dit-il un jour dans la chambre du Roi, Montagu a été vingt-deux ans à se faire pendre ; mais toi, au train dont tu y vas, cela ne sera pas si long. *Mémoires de Fenin.*

Assemblée de Notables. L'Université y marqua fortement tous les désordres qui étoient dans l'administration des finances & de la justice, dans la chancellerie, dans le choix des officiers, & dans la fabrique des monnoies. Elle n'épargna point les hommes coupables, pas même le Chancelier Arnaud de Corbie qu'elle accusa de concussion. *Mezerai.*

1420.

Cette année, tout étoit double dans le Royaume. Il y avoit deux Rois, deux Régens, deux Parlemens, &c. Assemblée de Notables, dans laquelle le Roi d'Angleterre demande sans détour un subside qui consistoit à porter à la Monnoie les anciennes especes qu'on y recevroit sur le pied de sept livres le marc, pour en faire une refonte sur le pied de huit livres. Le Roi par ce moyen perçut un huitieme de l'argent monnoyé du Royaume. Les Députés de l'Université voulurent faire quelques représentations. Henri leur imposa silence. Ils s'estimerent heureux qu'une obéissance prompte réparât l'audace de leurs remontrances. Les temps étoient bien changés. Voyez 1413. *Villaret.*

1422.

Malgré tant d'argent tiré des peuples, il n'y avoit pas un sol dans le trésor, & le Parlement fut dans la nécessité d'ordonner que par provision on vendroit le mieux que faire se pourroit, des biens meubles du feu Roi, jusqu'à la somme qui seroit nécessaire pour faire accomplir ses funérailles. *Le même.*

CHARLES VII. 1422-1461.

Rebus in adversis aliquid ; Rex , nil ego , regnum
Nostrorum , haud nostrâ , restituimus ope.

Pasquierii icones.

AVANT Philippe-le-Bel, la liberté des personnes mise à prix avoit donné naissance à quantité de droits réels & personnels, que les Rois laisserent d'abord aux Seigneurs, mais qu'ils surent ensuite attirer jusqu'à eux. La perception répetée se tourna en usage, & l'usage fit le droit. Premiere époque. *Voyez page* 1-6.

Philippe-le-Bel étendit les cas de perception : pour multiplier les nouveautés, il recourut au consentement des Contribuables. Ce consentement une fois obtenu s'accorde ensuite avec plus de facilité ; puis on le suppose, & la perception se continue, souvent par prieres, quelquefois par autorité, & toujours avec adresse & ménagement. Seconde époque. *Page* 7-25.

Le regne du Roi Jean nous offre des impôts établis avec plus de méthode. Quoique contribuables au service militaire, les Nobles contribuent, ainsi que les Roturiers & avec eux, aux charges de l'Etat. Les Ecclésiastiques y contribuent & séparément pour les biens de l'Eglise,

& conjointement pour leurs biens de patrimoine. Les Etats fixent la quotité, la perception, la durée & l'emploi des deniers de l'impôt. Troisieme époque. *Pages 26-35.*

Charles V & les Princes qui gouvernent sous Charles VI, saisissent toutes les occasions propres à déroger au droit de la Nation dans ces quatre Chefs. Ils empietent tantôt sur le droit que les Etats ont de former l'impôt, tantôt sur celui de le faire lever, & sur celui de le faire régir & administrer. Les révoltes succedent aux exactions. L'autorité cede : elle reparoît dans des momens plus favorables : elle l'emporte enfin. Et dans cette lutte entre l'exacteur & le contribuable, le Tiers-Etat est sacrifié ; le Noble s'exempte ; un nouvel Ordre paroît, celui des Privilégiés. Quatrieme époque. *Page* 35-52.

Le regne de Charles VII commence la cinquieme époque. Soit consentis, soit exigés, les impôts n'avoient eu jusqu'alors que des existences bornées à certains temps, limitées à certains besoins extraordinaires. La formation d'un corps de troupes toujours subsistant entraîna la perpétuité des Tailles, celle des Gabelles, celle des Traites, celle des Aides ; elle consolida la perception de ces droits domaniaux, que les Jurisconsultes ont faussement qualifiés de droits royaux inhérens à la Couronne. Alors les Elus devinrent des Officiers, & les ressorts des Elections furent bornés & déterminés.

1436.

Ce ne fut que cette année que Charles VII entra dans Paris. Depuis la fin du dernier regne jusqu'à cette époque, chacun des deux Rois assembloit des Etats particuliers, & plus souvent, sans Assemblée réguliere, il tiroit des peuples tout ce que leur misere lui permettoit d'en tirer. Souvent les impôts établis par l'un d'eux étoient perçus par l'autre. On peut juger de la foiblesse de ces secours par la longueur de la durée de la guerre. Les Parisiens revirent leur Roi avec plaisir ; mais la détresse du Roi & les nouveaux secours dont il avoit encore besoin, ne lui permirent pas de soulager leur misere. On voit des instructions de cette année sur la maniere de lever & gouverner le fait des Aides. Il en fut donc levé, même dans Paris. Mais les ravages des troupes amies & ennemies, les brigandages des bandes, la fuite des paysans qui ne labouroient point, & des pluies continuelles durant les années 1437 & 1438, ne laisserent rien sur quoi l'impôt pût être perçu. Tant de malheurs furent suivis d'une grande famine & d'une horrible mortalité dans toute la France, spécialement à Paris & aux environs. Cette grande ville en fut si dépeuplée, que les loups venoient dévorer les enfans jusqu'au milieu de la rue Saint-Antoine. *Mezerai.*

1437.

Augmentation du nombre des Généraux sur le fait de la Justice en Languedoc. Dès 1400 il avoit été dit qu'il n'y auroit dans ce pays aucun Général sur le fait de la Finance. Ordonnance du 7 Janvier. C'étoit reconnoître le droit des Etats & confirmer leur pouvoir.

1442.

Cahier des Princes assemblés à Nevers. Sur l'article des impôts, le Roi répond que personne ne ressent plus vivement que lui la misere des peuples, mais que les malheurs du Royaume exigeoient que tout le monde contribuât à la défense commune; que s'agissant de repousser un ennemi qui occupoit une partie de la France, & détruisoit le surplus, le Prince de son autorité royale pouvoit asseoir des impositions, & n'étoit nul besoin d'assembler les trois Etats pour mettre sus les Tailles; que la dépense des députations aux Etats étoit toujours à charge aux peuples, & que plusieurs provinces avoient demandé qu'on les en dispensât & qu'on se contentât d'envoyer la commission aux Elus, sous le bon plaisir du Roi. Voici bien l'origine des commissions en fait de Tailles, & l'on voit qu'elles n'étoient pas encore précédées d'un brevet général.

1444.

Réforme générale des troupes déja tentée à diverses reprises, mais inutilement. Après en avoir réduit le nombre à ce qu'on appeloit alors *Compagnies d'Ordonnance*, il les fit loger & nourrir dans les villes. Quelques-unes craignant le séjour de ces troupes, offrirent de le racheter en payant des sommes fixes. Ces premiers exemples réussirent, & gagnerent de proche en proche. Enfin l'usage devint général. Toutes les provinces ne demanderent pas mieux que de racheter par une contribution modérée, les désastres que précédemment toutes les troupes avoient occasionnés ; & toutes sacrifierent volontiers une portion de leurs revenus pour s'assurer la possession du reste. Le peuple, dit Mezerai, ne sent que le mal présent, & ne veut point prévenir celui de l'avenir. Il ne songea qu'à se libérer d'un fardeau momentané, & octroya une Taille en argent pour le payement de ces gens d'armes, sans considérer que losqu'elle seroit une fois établie, elle ne dépendroit plus de lui, ni pour la durée, ni pour l'augmentation. C'est en effet ce qui est arrivé. Les Compagnies d'Ordonnance étoient de quinze cents hommes d'armes, autant de gens de pied accompagnant les Cavaliers, & trois mille Archers.

Origine de l'équivalent en Languedoc.

1446.

Les Tailles établies en Languedoc comme en Languedoyl, & même plus anciennement, y sont declarées réelles. Elles avoient pris la nature d'imposition personnelle dans la Languedoyl, quoiqu'on trouve dans quelques cantons d'anciens vestiges de réalité. Observez que la Bretagne, la Normandie, & la Bourgogne ne firent jamais partie de la Languedoyl. Ces provinces furent appelées de leurs noms, aussi-tôt leur réunion à la Couronne.

1448.

Etablissement des francs Archers, autre sorte de Taille nouvelle. Chaque village du Royaume devoit en fournir & payer un. On les nomma Francs, parce qu'ils furent déclarés exempts de toutes Tailles & Subsides. Ils formoient un corps de vingt-deux à vingt-trois mille hommes. Le motif de cet établissement fut que la trève avec l'Angleterre devoit bientôt expirer, & que bientôt il alloit y avoir besoin de gens de défense, dont on pût s'aider au fait de la guerre; & qu'il étoit plus convenable de s'aider des sujets que des étrangers. Un habile moderne l'a observé : *avec des impôts les Rois ont eu des soldats, avec des soldats ils ont eu de nouveaux impôts.* Les peuples grossiers refusoient jadis l'un & l'autre : plus éclairés aujourd'hui, ils sentent la nécessité des deux.

1450-1453.

La tranquillité des provinces y ramenoit l'abondance : l'Etat sembloit reprendre une vie nouvelle. Les gens de guerre contenus par une discipline sévere, ne rançonnoient plus la nation. De tous les événemens prodigieux du regne de ce Monarque, la réforme des troupes est la plus étonnante. *Villaret, an 1444.* A peine respiroit-on, que les sang-sues publiques commençoient à se reproduire. Le Roi fut obligé de revenir à des emprunts, parce qu'il ne se trouva rien dans les cofres. Le Receveur-Général des Finances Sancoins fut arrêté & appliqué à la question, où il avoua toutes ses déprédations. Il avoit altéré & ratturé ses comptes, & fait regratter ses bordereaux par Jacques Chartier son Commis, pour *satisfaire ses plaisances mondaines.* Ils furent tous deux condamnés à mort ; mais le Roi leur fit grace de la vie, & se contenta d'une amende de soixante mille écus d'or. Ce ne fut point encore la Cour des Aides qui rendit cet arrêt, non plus que le suivant. Sa Jurisdiction ne faisoit que commencer à se former par rapport au criminel, & elle essuyoit bien des contradictions de la part des Parlemens, même quand il s'agissoit du fait des Elus : Lettres du 23 Mai 1450.

Le célébre Jacques Cœur, sur les richesses duquel on a débité tant de fables, fut accusé de concussion, d'exactions, de transport d'argent hors du Royaume, de billonnement de monnoie, &c. Il comparut & se justifia. Cependant le Roi l'ayant trouvé coupable, porte l'arrêt du 17 Mai, lui remettant la peine de mort pour les services qu'il avoit rendus, le condamna à faire amende honorable, & à payer 300,000 liv.

1457.

Révocation de l'affranchissement du Dauphiné. Cette province n'avoit été donnée à la France qu'après que le Dauphin l'eut affranchie de tout impôt, & à la charge de maintenir l'exemption. La clause fut respéctée depuis 1343, que la donation fut effectuée jusqu'à cette année. Précédemment la province avoit accordé des secours volontaires. *Voyez* 1367. Les lettres de révocation exemptent encore les Nobles, les Ecclésiastiques, & les Officiers Delphinaux. Ainsi par-tout le Tiers-Etat fut sacrifié; & même dans cet Ordre, les Officiers, c'est-à-dire, les plus riches, conserverent *l'habitude qu'ils avoient prise de ne pas payer.* Ce sont les termes de la loi. *Voyez* 1392.

1452-1460.

Longs Réglemens sur les Aides, sur la Taille, sur les Gabelles, sur le pouvoir des Elus. Celui du premier Avril 1449 porte entr'autres que les copies des rôles des impositions seront remises aux Généraux pour être par eux mises sous les yeux du Roi & du Conseil, à l'effet de répartir plus exactement sur chaque élection, ce qu'elle pourra porter. Ce n'étoit que de proche en proche que les élections avoient adopté, dès 1444, la méthode de racheter par une Taille la nourriture & l'entretien des gens d'armes. Chaque lieu avoit ses conventions particulieres; il avoit offert, & il payoit le moins qu'il pouvoit. Il étoit juste de rétablir l'égalité respective, de comparer les forces des différentes élections, & celles des provinces. De-là l'origine du brevet général, qui a contribué avec tant de facilité aux augmentations successives des Tailles.

La nation avoit perdu ses droits; mais l'innovation n'excita pas de murmure, parce que l'on sentit la nécessité d'une imposition destinée à maintenir la tranquillité de l'Etat. Les peuples furent heureux dans les dernieres années de ce regne, sur-tout si on les compare à celles qui s'étoient écoulées depuis 1480, & à celles qui suivirent.

LOUIS XI. 1461--1483.

Mauvais fils, mauvais pere, infidele mari.
Frere injuste, ingrat maître, & dangereux ami,
Il regna sans conseil, sans pitié, sans justice :
La fraude fut son jeu, sa vertu l'artifice.

Mezerai.

1461.

DÊS la premiere année de son regne, ce Prince mécontenta les Grands & le Peuple. Au lieu de modérer les impôts, il les augmenta. Il venoit de faire les plus belles promesses aux Habitans de Rheims, & il n'en tint aucune. Les Habitans prirent les armes, enfoncerent les bureaux des Percepteurs, les tuerent, & brûlerent leurs registres. Il y eut pareille émeute dans plusieurs autres villes. On les réprima par la force, & tout rentra dans le devoir.

1464.

19 Juin. Déclaration portant que de quatre lieues en quatre lieues seront établies des personnes séables « pour tenir & entretenir quatre » ou cinq chevaux de taille légere, propres » à courre le galop durant le chemin de leur » Traite ». Origine des postes.

1465.

Fin de la guerre du bien public, dont le

public ne retira aucun avantage, si ce n'est qu'il fut dit que douze Ecclésiastiques, douze Nobles, & douze Robins aviseroient aux moyens de soulager l'Etat. Cependant, comme les Princes, pour s'attirer plus de partisans, avoient fait marcher devant eux le plus beau prétexte du monde, l'abolition des impôts. Louis fut obligé de régler ceux qu'il percevoit. Il réduisit le droit de gros à cinq especes seulement ; le bois, le vin, le bestial, & les draps : le quatrieme au détail fut réduit en quelques lieux au huitieme.

Ce qui lui manquoit d'argent, il savoit le compenser, & par-delà, par la voie des emprunts qu'il fit ou fit faire par des Officiers qu'il ne confirmoit dans leurs offices qu'autant qu'il les trouvoit disposés à en payer le prix, sous prétexte de prêt : peu-à-peu la vénalité des offices s'établissoit à la longue.

1467.

21 Avril. Ordonnance portant qu'il ne sera donné aucun office, s'il n'est vacant par mort ou par résignation volontaire, ou par forfaiture jugée. On vante beaucoup la sagesse de cette Loi ; mais quel en fut le motif ? La destitution des offices avoit été l'un des premiers prétextes de la guerre du bien public. Pourquoi ? c'est que tous les Grands qui vendoient leur crédit,

& par conséquent les charges, étoient intéressés à la sûreté des Acquéreurs, autrement ils n'en eussent plus trouvé.

1468.

Assemblée de Tours, dont les délibérations sont terminées par l'assurance faite au Roi de contribuer à l'accomplissement de ses justes désirs, savoir les gens d'église, de prieres, d'oraisons, & des biens de leur temporel, les Nobles & le Peuple, de leurs corps & de leurs biens jusqu'à la mort inclusivement.

1470.

On commence à trouver des exemples d'amortissemens généraux du Clergé de différentes Provinces.

1474.

Charles, frere de Louis XI, apanagé de la Guyenne, fut le dernier Fils de France, qui jouit des droits régaliens, & qui perçut les impôts à son profit. Autre preuve que jadis les impôts étoient regardés comme de simples droits seigneuriaux, & que leur nature a tardé à être bien connue. *Voyez* 1294.

1475.

Pour gagner des voix dans le Conseil d'Edouard, Louis dépêcha à Paris trois Commissaires pour trouver de l'argent. Cés trois Commissaires s'adresserent au Parlement, & demanderent

derent l'argent des consignations. Ils l'obtinrent en passant en leur propre & privé nom une obligation de le rendre aux Présidens. Ceux-ci s'obligerent eux-mêmes pour la somme de deux mille écus envers le Receveur : telle étoit la forme des emprunts, & peut-être telle est l'origine de l'usage introduit ensuite de faire registrer les emprunts au Parlement.

1478.

Vers ce temps Louis XI augmenta les Tailles de son autorité. Dans des lettres de cette année, il demande à la Province de Languedoc 260424 liv. de plus que les années précédentes, ajoutant que « les autres Provinces du Royaume » étoient plus chargées à proportion ; mais que » ces subsides étoient nécessaires pour réunir » à la Couronne les Provinces de Bourgogne, » d'Artois, & de Flandres ».

1480.

Suppression des francs Archers. Le Roi soudoie les Suisses. Les Tailles furent augmentées & furent portées jusqu'à 4,700,000 liv.

Louis XI ne doutoit point de la haine de ses Peuples, & se méfioit même de sa famille. Au lit de la mort, il recommanda à son fils de soulager ses Sujets, & de réduire la levée de deniers à l'ancien ordre du Royaume, & de n'en point faire *sans l'octroi* des Peuples, & de ne point destituer les Officiers.

CHARLES VIII. 1483-1498.

1483.

CONFIRMATION des Officiers dans leurs offices, & sur la demande des Officiers mêmes. La déclaration de 1467 & le serment que Louis XI avoit fait prêter à son fils de ne pas les destituer, leur paroissoient donc insuffisans.

Révocation de toutes les aliénations du Domaine faites depuis Charles VII. Louis XI avoit été prodigue de ses domaines ; aussi avoit-il augmenté les impôts.

Procès fait par le Parlement sur la dénonciation du Procureur-Général à deux des Ministres de Louis XI, Olivier le Diable, dit le Dain, & Jean Doyac. Le premier fut pendu, le second essorillé, puis fustigé, d'abord à Paris, ensuite à Mont-Ferrand, lieu de sa naissance. Mezerai ne date ces procès qu'après la tenue des Etats-Généraux, dont nous allons parler, & les donne comme une suite des dénonciations qu'ils firent au Procureur-Général. Le Dain n'avoit pas seulement attenté à la liberté, mais à l'honneur d'une femme & à la vie de son mari.

1484.

Célébres Etats-Généraux de Tours, qui voulurent embrasser trop d'objets. Tout étoit dans le désordre, & ils tenterent de réformer tout, à-la-fois. On voulut commencer par faire une constitution, & le Schisme s'établit dès l'origine sur l'autorité des Etats à cet égard.

Ils commencerent par régler la Régence, le Conseil, la Justice, la Police; & les esprits fatigués des difficultés qui s'élevoient sur chaque point, montrerent bien de la vigueur, lorsqu'ils passerent à l'examen des Finances & à la partie des Subsides. Mais après de longs discours fort inutilement oratoires, ils ne bataillerent que sur le plus ou le moins de Tailles qu'ils accorderoient; & après avoir encore beaucoup bataillé sur la répartition de la somme entre chaque province, sans pouvoir s'accorder, ils négligerent toutes les autres branches des impôts, qui méritoient plus la réforme. Ils s'en apperçurent bien, dirent encore de belles choses à ce sujet, mais ne firent rien. *Voyez* tous les Historiens. Ils sont tous d'accord.

Ils poserent d'excellens principes, mais ils n'en assurerent point l'exécution, parce que fatigués de la longueur des Assemblées, ils abandonnerent presque la partie, & on ne leur donna pas le temps de porter leur ouvrage à ſa perfection.

Le retour périodique des Etats & la non-levée d'aucun impôt ſans leur conſentement étoient deux demandes excellentes, & qu'on ne doit jamais perdre de vue. Mais elles ſont inſuffiſantes, ſi l'exécution n'en eſt aſſurée par des moyens tels qu'on ne puiſſe l'éluder. L'expérience du paſſé auroit dû en inſtruire. Ce qui s'étoit paſſé ſous le Roi Jean auroit dû ſervir d'exemple & de leçon. Non-ſeulement l'octroi de l'impôt, mais encore ſon impoſition, ſa répartition, la levée des deniers qui devoient en provenir, & l'emploi de ces deniers furent confiés alors aux Prépoſés des Etats-Généraux. Il falloit revenir à cet état des choſes. On ne le fit pas en 1484. Premiere faute.

Cette précaution n'avoit pas ſuffi, ſous le Roi Jean. On auroit dû le ſentir en 1484, & on ne le ſentit pas : ſeconde faute. La cauſe de l'inſuffiſance des précautions que les Etats avoient priſes ſous le Roi Jean, réſide dans la méthode de ces Ordonnances rendues après la tenue des Etats-Généraux, & en conſéquence de leur délibération ſur l'impôt : Ordonnances abſolument inutiles, ſi elles n'ont pas de but ultérieur au vœu des Etats. *Voyez* 1360, *page* 33.

C'eſt à l'aide de ces Ordonnances que les

pays d'Election ont perdu leurs Etats, & que les pays d'Etats ont perdu les droits que les Etats-Généraux s'étoient réservés sous le Roi Jean, le droit de faire l'imposition en leur nom, & celui de faire eux-mêmes l'emploi des deniers.

Si les impôts établis sans le consentement des Etats sont illégaux, comme on n'en peut douter, les loix concernant les impôts sont également illégales. L'anéantissement des êtres nuls des impôts doit entraîner l'anéantissement total des loix rélatives aux impôts. Si, pour ne point occasionner de secousses & de révolutions subites, les Etats se portent à rétablir les impôts actuels jusqu'à nouvel ordre, ils peuvent aussi valider les loix qui les concernent jusqu'à nouvel ordre, mais seulement sous le titre de *délibérations* des Etats. Provisoirement & aussi jusqu'à nouvel ordre, les Tribunaux n'en jugeront pas moins conformément à ces loix, sous leur titre nouveau. Dans la suite & à mésure qu'on réformera chaque branche des impôts, l'exemple du Languedoc pourra servir de modéle. Lorsque les Etats font un Réglement nouveau sur l'équivalent, ils abrogent tous les Réglemens antérieurs, & ce Réglement se renouvelle à chaque bail. *Mémoires concernant les Impositions*, *tom.* 5, *p.* 474.

1485.

Les Bretons souffroient impatiemment la tyrannie des Financiers. Landays Ministre du Duc fut pendu à Nantes, le 18 Juillet.

Dès cette année, les impôts accordés par les Etats furent insuffisans. Le Roi y suppléa par des crues très-modiques d'abord, & le peuple ne se plaignit pas. Les crues n'auroient pas eu lieu, si le Ministere n'eut pas fait l'imposition seul & en son nom. *Voyez* 1484 & 1508.

Le Connétable fut consulté sur les crues, & répondit avec humeur que le seul conseil qu'il avoit à donner, étoit de traiter avec plus d'égard les *grands & les bons & notables* personnages du Royaume. Origine de tous les abus.

1489.

Le Roi voulant lever une décime sur le Clergé, s'adressa au Parlement, qui répondit qu'exiger des subsides du Clergé sans sa participation, étoit une innovation à laquelle il ne pouvoit se prêter. Le Pape ordonna la levée de cette décime à son profit, sous le prétexte d'une croisade contre les Infideles, & par un Bref particulier, il céda les deux tiers de la décime au Roi. Cet expédient réussit. Il n'étoit pas nouveau. *Voyez* Saint-Louis.

1491-1497.

Projet de cadastrer le Royaume, & de

rendre les Tailles réelles en tout pays; projet abandonné en 1496. *Lettres du 7 Février.* 1497. La guerre rendoit l'augmentation des troupes néceſſaire. Les Tailles furent augmentées d'une crue conſidérable. On demanda aux principales villes du Royaume qu'elles euſſent à entretenir un certain nombre de ſoldats. A Paris les Officiers Municipaux voulurent faire contribuer ceux du Parlement, ou s'autoriſer de leur refus pour ſe diſpenſer eux-mêmes de contribuer. La Cour répondit que cette affaire ne la regardoit pas, & qu'elle ne députeroit aucun de ſes Membres, mais qu'elle n'empêcheroit point ceux qui le voudroient, de ſe mêler comme perſonnes privées au reſte des Citoyens. *Villaret.*

1498.

La ſanté du Roi diminuant, il ſe tourna entierement du côté de Dieu, & s'appliqua à la réforme des abus. Il écoutoit les plaintes & les différends de ſes Sujets, dépoſoit les mauvais Juges, ſe propoſoit de remettre la juſtice ſans frais & ſans épices, ſongeoit à rabaiſſer les Tailles, & deſiroit d'entretenir ſa Maiſon & ſes dépenſes ordinaires avec le revenu de ſes domaines & des anciens droits de la Couronne. Ces bonnes volontés ne lui vinrent dans l'eſprit que quand il ne fut plus capable de les exécuter. *Mezerai.*

LOUIS XII (*pere du peuple*). 1498-1514.

1498-1499.

REMISE du droit de joyeux avénement.

1499.

Diminution d'un dixieme des Tailles, avec promesse de les réduire annuellement jusqu'à ce qu'elles ne fussent que de la somme offerte par les Etats à Charles VIII. A la vue de cette promesse, qui fut suivie d'exécution, les peuples se promirent un regne heureux, & ne réclamerent point contre les innovations du regne précédent. Cependant l'autorité décida de tout. Le Ministere régla tout ; & les Officiers de Finance, Receveurs, Trésoriers, Elus, Grenetiers & autres envahirent toutes les fonctions des anciens Députés des Etats. Personne ne s'en plaignit, parce qu'on avoit connu un état pire, & parce que déja l'on n'avoit pas eu lieu de se louer des anciens Elus. *Voyez* 1346, *page* 30. Mais dès-lors le sort du peuple dépendit du caractere du Roi. A coup sûr, si François I eût succédé à Charles VIII, les choses ne se seroient pas passées de même.

Réforme du corps indisciplinable de la Gendarmerie. Louis XII régla si bien ses Gendarmes, que les provinces qui jadis les regardoient pires que la grêle, lui demanderent comme une grace de leur en envoyer. *Mezerai.*

Distinction de la vente du vin à pot, de la vente à assiette. Huitieme & quatrieme reglés. Vente ouverte & non plus cachée des offices de Finances. Autant valoit-il que le Roi les vendit à son profit, que de les laisser vendre par les Grands, par les gens en place ou jouissans de crédit.

1500.

Liberté de fournir les greniers à sel rendue à tous Marchands. Quantité de villes avoient obtenu le privilége exclusif de les fournir, & le prix du sel en étoit augmenté. Etoit encore Marchand de sel qui vouloit l'être; mais le Marchand étoit tenu d'apporter le sel dans les greniers du Roi, où le prix étoit partagé entre eux, le Roi pour son droit, le Marchand pour le prix de la denrée.

1501.

Premier don gratuit du Languedoc.

1504.

Procès des Trésoriers & Munitionnaires accusés d'avoir fait périr l'armée employée à l'expédition de Naples. Tous furent convaincus de malversation. Quelques-uns payerent de leur vie, & furent pendus; les autres en furent quittes pour l'infamie & de fortes amendes.

Ces exemples de ſévérité gagnerent encore au Roi les cœurs de ſes Sujets.

1506.

Aſſemblée de Notables des trois Etats à Tours, Aſſemblée convoquée ſur la demande de pluſieurs villes. Ce fut dans cette Aſſemblée, que l'Orateur commun des trois Ordres décerna à Louis XII le titre de *pere du peuple.* Après avoir peint les alarmes que la maladie du Roi venoit de cauſer, l'Orateur ſe jetta à genoux, l'Aſſemblée en fit autant, & tous, les bras tendus vers le trône, « puiſſe, continua l'Orateur, puiſſe le ſuprême » Arbitre des deſtinées prolonger la durée de » votre regne : puiſſe-t-il, propice à nos vœux, » vous donner pour ſucceſſeur un fils qui vous » reſſemble ». Ce diſcours, la poſture ſuppliante de ſes Sujets émurent le cœur de Louis. Des larmes d'attendriſſement coulerent de ſes yeux : Monarque & Sujets, tous fondoient en larmes.

1508.

Défenſes d'impoſer en Tailles plus que les Mandemens & Commiſſions ne portoient. C'étoit un ſingulier abus qui ſe renouvela ſous le regne ſuivant, & qui ſe pratiquoit, il n'y a pas encore long-temps, dans la Généralité de Paris. *Mémoires concernant les Impoſitions*, *t.* 5, *p.* 92. Mais la Loi qui contenoit les défenſes, n'en affuroit que plus l'autorité du Miniftere fur la confection des Commiffions, fur le mode de l'impofition : & le fond dépend ici de la forme. *Voyez* 1346, 1360, 1484 & 1485.

1509.

Nouvelles Lettres de Louis XII pour empêcher que les domaines qu'il poffédoit lors de fon avénement au Trône, ne fuffent réunis à la Couronne. Elles n'ont eu d'effet que pour l'érection d'une Chambre-des-Comptes à Blois. La maxime étoit établie que la Couronne fe trouve dotée des biens des Rois, à l'inftant de leur avénement au Trône. C'eft une des Loix conftitutionnelles de l'Etat. *Voyez* 1316.

1513.

Depuis deux ans, les Tailles étoient un peu augmentées, à l'occafion de la guerre d'Italie, & Louis XII en étoit réellement affligé. Pour ne pas fouler les campagnes il s'adreffa aux villes. Celle de Paris taxée à quarante mille liv. voulut comprendre dans les rôles les Officiers des Cours fouveraines. Ceux-ci s'y oppoferent & une déclaration leur affura l'exemption. *Voyez* 1392. Mais, acte de juftice très-remarquable, le Roi réduifit la taxe à moitié. Ainfi, pour la premiere & peut-être l'unique fois, l'exemption ne fut pas directement à charge au peuple. Les autres villes furent traitées avec autant de douceur. Le don gratuit produisit peu. On eut recours aux aliénations du Domaine, & du produit des Aides & de celui des Gabelles. Enfin le Roi *aimant mieux prendre sur lui que sur son peuple*, alla jusqu'à vendre sa vaisselle d'or & d'argent.

Louis XII recevoit quitte & net 7 millions 750 mille livres. Les peuples payoient en outre à-peu-près autant en autres charges.

Sous le regne de Charles VIII, de Louis XII, & au commencement de celui de François I, Florimond de Robertet Secrétaire des Finances, fut celui qui eut le plus de part à leur administration. « Robertet, dit un Auteur con-» temporain, étoit l'homme le mieux entendu » que je pense avoir vu, & de meilleur esprit, » qui s'est mêlé des affaires de France, & qui » en a eu la totale charge ; & il a eu cet heur » qu'il s'y est toujours merveilleusement com-» porté ». Voilà le premier Financier dont l'histoire fasse éloge. Combien d'autres avant lui avoient péri malheureusement ! *Voyez* 1314, 1322, 1409, 1413, 1483, 1504.

M. le Trosne compare les revenus de Louis XII avec ceux de Louis XV, & prouve assez bien que Louis XII étoit beaucoup plus riche. *Reforme de l'Impôt*, *liv.* 2, *chap.* 6 & 7.

FRANÇOIS I. 1515-1547.

SIXIEME époque des Finances. *Voyez* les précédentes sous Charles VII. *Page* 53.

Les gens de Lettres ont appelé ce Prince le pere des Lettres : nous pouvons l'appeler le pere de la Finance.

1515-1519.

Dès la premiere année de son regne il vendit, plus ouvertement que jamais, les charges de Judicature ; il augmenta les Tailles & forma de nouveaux impôts, sous couleur seulement de réglementer ceux qui existoient. Le Saint-Pere, fort libéral du bien d'autrui, lui fit présent de deux décimes sur le Clergé. Longs Réglemens sur les Tailles, les Aides & les Gabelles. Révocation des aliénations du Domaine. 1517. Multiplication des élections, des greniers à sel, des Maitrises des eaux & forêts, & d'offices en tous ces Sieges, 1518. Tentatives pour établir les élections en Languedoc, Droit sur les mines réglementé. 1519. *Voyez* 1413.

1520.

Camp du Drap d'or. Origine du luxe & des déprédations.

1521.

Des guerres à ſoutenir. Les maiſons de trois Reines à entretenir avec toutes leurs Cours. Premier exemple des rentes perpétuelles ſur l'Hôtel-de-Ville. Pour en payer les arrérages, le Roi abandonne à la Ville le produit de quelques droits d'Aides dans cette Ville. De-là le nom de rentes ſur les Aides. Les Gabelles y furent hypothéquées enſuite. Aliénation des domaines. Ordre de porter ſon argenterie à la Monnoie. Cette violence avoit été déja pratiquée. Les Officiers des Cours y étoient obligés comme les autres; mais faute d'enregiſtrement il fallut compoſer.

1522-1526.

Multiplication des offices & vénalité ouverte. Pillage de pluſieurs Egliſes, entr'autres, de la baluſtrade d'argent vouée par Louis XI au tombeau de Saint-Martin de Tours 1522. Prêts forcés des Financiers. Nouveaux ſecours accordés par les Villes, qui conſentent à nourrir & entretenir un certain nombre de gens de guerre. Création de nouvelles charges au Parlement, pour s'indemniſer de l'établiſſement d'un Parlement à Poitiers, & de la Finance que le Roi en auroit tirée. Lit-de-juſtice. Le Chancelier Duprat y fit des innovations au fond & dans la forme. Loix regiſtrées du très-exprès commandement du

Roi. Nouvelles contributions du Clergé, *excepté des Conseillers Clercs au Parlement*, & des Membres de l'Université, 1524. *Garnier.* L'exception avoit bien ses motifs. *Voyez* 1393 & 1413.

Bataille de Pavie 1525. Belles remontrances du Parlement sur les abus de l'Administration. Le mal étoit fait, & de beaux discours ne pouvoient le réparer. Abolir la vénalité des charges n'étoit pas le moyen de payer la rançon du Roi. Il n'y eut pas d'autre soulagement, si c'en étoit un. Retour du Roi, 1526. On n'a pas assez remarqué la belle action de François I. Prisonnier & craignant de n'obtenir sa liberté qu'à des conditions trop dures pour l'Etat; il avoit pris le parti d'abdiquer.

1527.

Assemblée des Etats à Cognac. Ils offrirent au Roi deux millions d'or pour la rançon de ses fils, s'opposerent au démembrement d'aucune Province de France, & l'assurerent que, s'il falloit en venir à la guerre, ils n'épargneroient ni leurs biens ni leur vie.

1533.

Grande crue de la Taille pour payer les Légionnaires. Déja il y avoit eu des crues, *page* 70 : mais celle-ci fut plus considérable, & on l'a long-temps appelée *grande crue*, par cette raison.

1534.

15 Juin. — Origine du Gros-manquant. De-là les visites domiciliaires, les inventaires & tout ce qui s'ensuit. Jusqu'alors les droits d'aides n'avoient été perçus qu'à l'entrée & à la vente. On n'avoit pas imaginé une sorte d'inquisition domestique. On n'avoit pas songé à borner la consommation de chaque individu.

1535.

25 Août. — Devoir des Gabelles. Formation des registres sextés. Depuis ce temps, il faut, bon gré malgré, consommer un quatorzieme de minot de sel dans le pays des grandes Gabelles : la Bourgogne est la seule Province qui ne soit pas soumise au devoir.

1539.

Iles, ilots & leurs accrues déclarées appartenir au Domaine, lequel est aussi déclaré imprescriptible. Ordonnance de Villers-Cotteret : origine de l'insinuation.

1541.

Mutation dans le régime des Gabelles. L'impôt est établi au marais. Les noces de l'Empereur & de Jeanne d'Albret se firent à Chatellerault à-peu-près dans le même temps, & furent à cette occasion appelées les *noces salées*. *Mezerai*. Chatellerault est dans le Poitou, pays précédemment exempt de la Gabelle, du-moins en partie. *Voyez* 1544.

1542.

1542.

Formation des recettes générales & des Généralités, dont le nombre en a été augmenté depuis.

1543.

25 Mars. Premier droit de Traites à l'importation. Jusqu'alors il n'y en avoit eu qu'à l'exportation.

1544.

1544. Le changement dans la forme de perception des droits de Gabelles ; *Voyez* 1541, avoit occasionné des révoltes. On revient au premier régime ; pas tout-à-fait cependant : *Voyez* 1548. Le droit est rétabli aux greniers. Impôt sur les villes closes pour l'entretien de cinquante mille hommes. Révocation des aliénations du Domaine, suivie de nouvelles adjudications.

C'est à ce regne que commence le code de la volumineuse législation fiscale, & c'est ce qui distingue cette époque des Finances des précédentes époques. Elle est aussi caractérisée par des innovations de tout genre. La vénalité des offices pratiquée ouvertement, les Tailles augmentées arbitrairement, les Aides, les Gabelles, les Traites, les droits domaniaux accrus & souvent par le seul effet d'un régime plus fiscal. *Voyez page* 95.

Ce qui distingue encore cette époque, c'est qu'on y trouve l'origine de la dette nationale, à laquelle les Cours contribuerent sans aucun droit; car les Etats de Blois, sur lesquels elles ont ensuite fondé leur prétendu droit à cet égard, sont d'un demi siecle de date postérieure. *Voyez page* 98.

La voix publique accusoit de tous les désordres & de toutes les nouveautés le Chancelier Duprat, qui, selon Mezerai, pour flatter l'avarice d'une femme & l'ostentation d'un jeune Monarque, donnoit les expédiens & la hardiesse de renverser toutes les anciennes loix du Royaume, dont par sa charge il étoit le gardien & le défenseur. C'étoit donc au Chancelier qu'il falloit s'en prendre. Le malheureux Surintendant en pâtit. Semblançay fut pendu. On le plaignit, & l'opinion publique avoit vengé sa mémoire avant qu'elle fût réhabilitée.

Lorsque Maillart Juge d'Enfer menoit
A Mont-Faucon Semblançay l'ame rendre;
A votre avis, lequel des deux tenoit
Meilleur maintien? Pour vous le faire entendre,
Maillart sembloit homme que mort va prendre,
Et Semblançay fut si ferme vieillard,
Que l'on cuidoit pour vrai qu'il menât pendre
A Mont-Faucon le Lieutenant Maillart.

On ſait que cette épigramme eſt de Marot, Auteur contemporain. Quoi qu'il en ſoit, c'eſt encore un Surintendant à joindre à la liſte des Surintendans pendus. *Voyez* 1314, 1322, 1409, 1413 & 1483.

On dit que Duprat porta ſon ambition juſqu'au Trône du Souverain Pontife, & qu'il ſupplia le Roi de jeter les yeux ſur lui, en lui remontrant que ce choix glorieux & avantageux ne couteroit rien à l'Etat, parce qu'il avoit 400 mille écus tout prêts, qui ſuffiroient à lui aſſurer les voix ; que le Roi étonné d'un pareil aveu de la part d'un homme qui avoit eu le ſouverain maniement des Finances, & qui laiſſoit fréquemment les troupes manquer de ſolde, lui demanda où il avoit pris une ſomme ſi conſidérable, & lui tourna le dos. *Garnier.* An 1534. Plaiſante punition.

On peut juger de ce qu'étoient les Elus de ce ſiecle, par une ſentence de ceux de Liſieux de 1525. Elle condamne Jean d'Annebault, pere de Claude, Maréchal & Amiral de France, à payer la Taille, parce qu'il avoit hébergé des bœufs ſur l'une de ſes terres, dans l'intention de les revendre. Les Elus ne tarderent pas à décheoir, parce qu'on ne tarda pas à pouvoir se passer d'eux. L'autorité n'eut plus besoin d'intermédiaires.

Enfin ce qui caractérise cette époque, c'est la grande différence qui s'établit entre les villes franches de Taille & les campagnes. La Taille augmentée arbitrairement, la collecte rendue solidaire, les visites des Commis aux Aides & aux Gabelles, inquisitions qui n'ont pas lieu dans les villes fermées, commencent à rendre la campagne inhabitable. *Voyez* 1549.

Jadis la formation des Communes eut de bons motifs; il s'agissoit de mettre un frein à l'Anarchie féodale. Dans des temps moins reculés, les priviléges des villes eurent encore de bons motifs; il y avoit trop de cultivateurs & pas assez de consommateurs. La position est bien changée. Nous avons trop de consommateurs & pas assez de cultivateurs. Il est temps de mettre tout sol au même niveau: la terre qui nourrit les hommes mérite autant de faveur que le bâtiment qui les loge. On peut même, sans inconvénient, soulager la campagne au préjudice des villes. Sans cela nous n'aurons jamais d'agriculture. Ne craignons pas d'ailleurs de voir déserter les villes: il y aura toujours assez d'amateurs des arts, du luxe, des spectacles, des cercles, des tribunaux.

HENRI II. 1547--1559.

LE chemin étoit tracé. Henri n'avoit qu'à suivre l'exemple de son pere pour augmenter les impôts, de son chef & sans le consentement des peuples.

Il y avoit alors deux caisses, l'une où se versoient les deniers de la recette ordinaire, l'autre où se versoient les deniers de la recette extraordinaire ; mais comme celle-ci étoit plus à la disposition des Courtisans, parce qu'il falloit moins de formalités pour l'ouvrir, elle fut accrue de tous les produits nouveaux ; & les besoins augmentant, la caisse de la recette ordinaire ne tarda pas à devenir insuffisante, d'autant plus que, sur de simples mandats, le Trésorier de cette caisse en versoit les deniers dans l'autre caisse, & mettoit dans la premiere, comme argent comptant, les quittances du Trésorier de la seconde.

Alors toutes les recettes n'atteignoient pas neuf millions ; mais la dépense excédoit d'environ 500,000 liv. Premiere époque du *deficit*.

Il ne faut pas croire que les charges des Peuples fussent bornées à neuf millions ; elles alloient à près de quinze, du temps de Louis

XII ; & , comme ce Prince l'avoit prévu ; *le gros garçon avoit tout gâté.* Outre ces neuf millions , il y avoit des revenus affectés aux rentes, & les peuples avoient des charges pour une somme égale à celle des revenus qui entroient dans les coffres du Roi. *Voyez page* 76.

1548.

Augmentation de la valeur des monnoies. Aliénation des domaines. Doublement des décimes. Don gratuit des bonnes villes. Extension des droits de Gabelles , extension qui occasionne un soulévement dans la Guyenne , notamment à Bordeaux ; soulévement réprimé par la force. « Je ne veux point de vos clefs, » dit le Connétable aux Bourgeois qui venoient » les lui offrir , & lui demander grace ; en » voici d'autres , en montrant ses canons , qui » m'ouvriront vos portes. Je vous apprendrai » à massacrer les Lieutenans du Roi ». Il tint parole , & la leçon fut rude.

1549.

Mai. -- Les droits domaniaux, d'amortissement , de francs - fiefs , d'aubaine , de bâtardise , commencent à être qualifiés de droits royaux , inhérens à la Couronne , incessibles , inaliénables , indestructibles : grands mots que les Jurisconsultes, habiles & autres , ont tant répétés depuis. *Voyez page* 53.

Septembre. -- Rachat de la Gabelle par les Provinces dites *Pays rédimés.* Elles laisserent subsister des droits de quart & de quint, qu'elles ne racheterent totalement qu'en 1553. La Guyennne fut comprise dans le traité. L'Auvergne avoit une composition différente ; elle paie en Taille l'équivalent de la Gabelle. Il est donc des priviléges qui peuvent se *redresser* devant la Nation comme devant le Roi. L'Orateur dira qu'il n'a pas entendu parler des priviléges locaux. Avant de faire des phrases, il seroit bon de définir les termes.

12 Novembre. -- Etablissement du Taillon.

Edit qui fixe les bornes de la ville de Paris, & défend d'en augmenter l'enceinte, parce que les Taillables s'y réfugioient pour se mettre à l'abri des vexations qu'ils éprouvoient dans les campagnes. *Voyez* 1544, *page* 84.

1552.

Etablissement du domaine forain ; nouveau droit de Traites. Emprunts de toute espece. Octrois concédés aux villes moyennant des avances considérables. Création des Présidiaux & de quantité de nouvelles charges dans toutes les Cours & dans tous les Siéges. Formation des Bureaux des Finances. Exaction de toutes les Fabriques des Eglises. Ordre de porter sa vaisselle aux monnoies. Sur tous les

Edits, le premier Président, sans sortir de son Siége, & sans prendre les voix, appeloit le Greffier & lui disoit « Me Simon Cornu, » écrivez sur le repli de ces lettres, lues & » publiées du très-exprès commandement du » Roi ». Le Clergé avoit aussi accordé des décimes, sous prétexte qu'on lui rendroit ses Jurisdictions; mais le Parlement ne consentit point à la révocation de l'Ordonnance de 1539. Contraste de mollesse d'une part, & de fermeté de l'autre.

1553.

L'insinuation, bornée aux seules donations, est étendue aux ventes & autres actes. Origine du centieme denier. Pays rédimés. *Voyez* 1549.

1557.

Les grandes villes ouvrirent assez franchement leurs bourses au Roi. Paris fournit trois cent mille livres : les autres villes fournirent à proportion. Cinquante Seigneurs de marque offrirent de garder cinquante places à leurs dépens. Alors, dit Mezerai, le Roi put reconnoître que les François sont le meilleur peuple du monde, & qu'il y a tout ensemble de la dureté & de la mauvaise politique à les vexer par des impôts extraordinaires, puisqu'ils se saignent si libéralement pour les nécessités de l'Etat. Il en fit la même expérience, l'année suivante, que dans une forte d'Etats-Généraux, tenus à Paris, il lui fut accordé trois millions d'écus d'or, dont le Clergé paya le tiers. Le peuple s'y prêta avec enthousiasme, parce qu'il apprit la nouvelle de la prise de Calais, & conséquemment de l'expulsion totale des Anglois hors du Royaume.

Les Officiers de Justice avoient obtenu une grande distinction à ces Etats, où ils formerent un corps intermédiaire entre la Noblesse & le peuple. Ils obtinrent, cette même année, une nouvelle faveur par le rétablissement des épices. Mais cette faveur n'en est pas une pour les autres Ordres.

FRANÇOIS II. 1559--1560.

Foible enfant qui de Guise adoroit les caprices,
Et dont on ignora les vertus & les vices.

Henriade.

1559.

Juillet.--CRÉATION d'un Maître de chaque métier dans chaque ville du Royaume, à l'occasion de l'avénement du Roi à la Couronne. La création des métiers avoit déja fourni plusieurs occasions de Finances; mais ce ne fut que par Edit de Décembre 1581, que les maitrises furent généralement établies en tous métiers *Voyez page 99.*

18 Août. -- Révocation des aliénations des domaines.

29 Août. -- Création des Procureurs postulans en toutes Cours & Jurisdictions. Ce n'est pas que déja on n'en eût tiré de l'argent.

1560.

Injonction à toutes les Cours souveraines & à toutes les Justices subalternes de présenter au Roi, lors de chaque vacance de charges, trois personnes irréprochables, desquelles il éliroit une. L'importunité des mouches de Cour, dit Mezerai, qui s'attachent toujours à la corruption, & qui en vivent, ne permit pas qu'une si sainte Ordonnance eût lieu. Ainsi, comme la justice est de soi une chose divine & très-nécessaire à la société, & que d'ailleurs le nombre des méchans & des intéressés sera éternellement le plus grand, la poursuite de ce bien sera toujours louable & toujours inutile.

Du temps de Mezerai, la vénalité & la multiplicité des charges étoient vues de mauvais œil beaucoup plus qu'aujourd'hui, & n'avoient pas tant de Partisans. En remboursant les charges, l'Etat pourroit bien rendre les propriétaires indemnes; mais les charges ne sont pas seulement la propriété, elles sont aussi la ressource de quantité d'individus qui ne peuvent *ni mendier ni labourer.* Ce qu'on ne peut faire en une journée, on le fait dans un mois, on le fait en un an, on le fait en un siecle; peu-à-peu tout rentrera dans l'ordre, & se remettra au niveau.

Premier apport du tabac en France par Jean Nicot. Nicot le présenta au grand Prieur à son arrivée à Lisbonne, puis en France à la Reine Catherine de Médicis. De-là les noms que cette plante porta d'abord : Nicotiane, Herbe au grand Prieur, Herbe à la Reine. Le nom de Tabac, vient de Tabaco, province du Jucatan où elle fut découverte.

CHARLES IX. 1560--1574.

Par sa mere élevé, nourri dans ses maximes,
Il n'étoit point, comme elle, endurci dans les crimes.
Le chagrin vint flétrir la fleur de ses beaux jours;
Une langueur mortelle en abrégea le cours,
Lorsque son repentir promettoit à la France
D'un empire plus doux quelque foible espérance.

Henriade.

1560.

ETATS-Généraux très-orageux, très-discordans. « On vous remettra, dit le Chancelier, » un compte détaillé de recette & de dépense, » des revenus & des charges. Ce que vous

» arbitrerez *deviendra un Réglement perpétuel*
» pour la Cour de France. Le Roi & la Reine
» ſont fermement réſolus de s'y conformer ».

On commença, comme en 1484, par s'occuper de la réforme de l'adminiſtration, & le ſchiſme ſe mit entre les trois Ordres. L'eſprit de corps ſe joignit à l'eſprit de parti.

Le Tiers-Etat y peignit amèrement le triſte ſort des campagnes. Il eſt bien aggravé depuis. *Voyez* François I, *page* 84.

Les trois Ordres ne furent d'accord que pour ſuppoſer que les revenus étoient plus que ſuffiſans pour fournir aux dépenſes, & dirent n'avoir pas de pouvoir pour conſentir un nouvel impôt.

Cependant la Reine fit ſolliciter de nouveau les Etats : « Elle entend, dit le Chancelier,
» que les ſecours qu'elle ſollicite ne paſſent
» pas par d'autres mains que les vôtres ;
» que vous en faſſiez *la répartition & l'emploi*,
» afin que l'on ſache qu'ils ne ſont deſtinés qu'à
» mettre promptement le Roi en état de ſou-
» lager ſon peuple. *Garnier.*

Telle étoit la ſituation, que les revenus de douze millions & plus ne ſuffiſoient pas aux dépenſes. Les revenus de l'année ſuivante étoient mangés d'avance. Déja des anticipations. Les dettes étoient de près de quarante-quatre millions. Quel *déficit ! Voyez page* 85. Les Etats n'accorderent rien. Une nouvelle Assemblée fut convoquée pour le mois de Mai suivant.

1561.

Le Clergé s'assembla à Poissy ; les Nobles & le Peuple se rendirent à Pontoise, & le tout se termina par une Assemblée générale à Saint Germain. Les Nobles & le Peuple vouloient que toute la charge retombât sur le Clergé ; ils finirent cependant par consentir un nouveau droit d'Aides. De son côté, le Clergé gémit fortement sur le triste état auquel il étoit réduit. Les églises pillées, quatre & quelquefois six décimes par an : plusieurs Curés avoient abandonné leurs cures pour se soustraire à la prison, faute de pouvoir acquitter les décimes ; d'autres églises restoient sans calices, sans livres, sans ornement, parce que les exacteurs les avoient vendus à l'encan. Sous le nom de *fourniture des gens de guerre*, le Clergé étoit encore terriblement vexé. L'homme d'armes s'emparoit de la maison d'un Curé, le chargeoit de coups, pilloit sous ses yeux le peu de provisions qu'il avoit amassées pour sa subsistance, & le forçoit de déserter sa maison pour aller mendier chez ses voisins : *Garnier.* Enfin le Clergé se chargea d'une partie des dettes. Il faut convenir que ce ſiecle ne fut pas celui des exemptions du Clergé.

22 Septembre. -- Origine des anciens cinq ſols.

1566--1572.

Ordonnance du Domaine. Elle contient les vrais principes, & n'eſt point regardée comme formant un droit nouveau, mais comme réuniſſant les diſpoſitions des anciennes loix. Le Domaine ne peut être aliéné que pour cauſe d'aparage, auquel cas il y a retour à la Couronne à défaut d'hoirs mâles, & pour la néceſſité de la guerre, auquel cas il y a lieu à rachat perpétuel. Cette Ordonnance eſt antérieure aux Etats de Moulins, qui ſe tinrent dans la même année.

L'impôt des anciens cinq ſols qui devoit ne durer que ſix ans, fut-il prorogé dans ces Etats ? *Voyez* 1573.

Lettres-Patentes ſur contrat du Clergé qui s'oblige à racheter 630 mille liv. de rente ſur l'Hôtel-de-Ville, 1567. Le Clergé déſavoue ce contrat qui d'ailleurs eſt totalement acquitté.

Etabliſſement du centieme en Artois, 1569.

1573.

Premier Avril. -- Prorogation des anciens cinq ſols, par ſimple Déclaration regiſtrée.

29 Décembre. Révocation de toutes commissions pour la recherche des aliénations du Domaine.

1574.

Epoque depuis laquelle les droits de Traites ont été constamment affermés.

Les Cours souveraines ne firent jamais tant de progrès que sous ce regne. Pour la premiere fois elles vérifierent les loix faites dans les Etats-Géneraux ; pour la premiere fois elles furent mandées & assisterent le Roi à l'Assemblée générale de Saint-Gèrmain. Déja elles avoient regiſtré des loix émanées de la seule autorité du Roi relativement aux impôts. Mais ces loix n'établissoient pas directement de nouveaux impôts, elles n'en prescrivoient qu'un régime plus fiscal & conséquemment plus productif, *pages* 81 & 82. Ce fut pour la premiere fois qu'elles regiſtrerent des loix directement & expressément prorogatives d'impôt. Elles n'avoient plus qu'un pas à faire pour contribuer aux loix créatrices de nouveaux impôts : elles le firent, sous le regne suivant. Ainsi ce regne & les regnes suivans peuvent être pris pour la septieme époque. *Voyez pages* 77 & 81.

HENRI III. 1574--1589.

Tel brille au ſecond rang qui s'éclipſe au premier.
Il devint lâche Roi, d'intrépide guerrier.

Henriade.

1576.

ÉTATS de Blois. La harangue du Chancelier de Birague aux États a donné naiſſance à une grande erreur de fait. Pour fonder, motiver & juſtifier les priviléges des Nobles, il expoſa qu'ils étoient bien compenſés par l'obligation dans laquelle ils étoient de verſer leur ſang pour la patrie. Cette conſidération n'eſt vraie que pour les temps poſtérieurs; car, dans l'origine, les Nobles, bien ſujets certainement au ſervice militaire à leurs propres dépens, n'en contribuoient pas moins aux ſubſides communs, comme les autres ſujets. *Voyez* 1296, 1302, 1303, 1355.

La Taille fut dans l'origine le ſeul impôt auquel les Nobles ne contribuerent pas, parce qu'elle fut une image, une ſuite de la taille ſeigneuriale, que, loin de payer, ils perçurent longtemps à leur profit; encore voyons-nous qu'ils ont contribué à la taille établie en 1355. *page* 39.

Les

Les trois Ordres s'accorderent à demander au Roi d'autoriser tous les articles qu'ils arrêteroient unanimement, & de décider ceux sur lesquels ils seroient en discord. *La premiere* de ces demandes leur fut refusée. *Voyez* les procès-verbaux. Belle matiere à réflexions !

Ensuite le Roi fit proposer aux Etats la suppression de tous les impôts, moyennant un subside de 15 millions payables par feux, dont le plus haut ne payeroit que 50 livres, & le plus petit 12 deniers. Si cette proposition eût été acceptée, nous ne gémirions pas, dit *M. Mounier*, sous le poids accablant du régime fiscal. Cette observation de *M. Mounier* mérite la plus grande attention, c'est une des bonnes réflexions de cet Auteur, dans son ouvrage, d'ailleurs systématique, sur *les Etats-Généraux*. Peut-être est-il encore temps de revenir à cette idée. Déja plusieurs projets ont paru sur l'établissement d'une capitation tenant lieu d'impôt unique & suffisant. Avant de les rejetter, ils méritent le plus profond examen.

Les Etats n'accorderent aucun subside. Loin de-là ils demanderent la suppression, nommément de la taille, s'opposerent aux aliénations du Domaine. Ce n'étoit pas le moyen de sortir du chaos déja formé.

Le dernier article de leur Cahier tendoit à ce que le vœu de deux Etats ne pût nuire ni préjudicier au troisieme en quelque ſorte que ce fût. C'étoit renouveller le *Veto* établi en 1355, *page* 28. *Veto* cependant deſtructif de toute détermination, de toute bonne opération commune & générale.

L'Ordonnance de Blois fut le ſeul réſultat de l'Aſſemblée, mais elle ne fut enregiſtrée qu'en 1580. Nous n'avons pas autre choſe à y remarquer, ſinon qu'il y eſt dit que la poſſeſſion d'un fief ne procure plus la Nobleſſe, ni parconſéquent les exemptions qui y ſont attachées.

C'eſt de ces Etats que le Parlement tire ſon prétendu droit de ſe dire les repréſentans de la Nation, *les Etats au petit pied.* Cette prétendue ceſſion des droits de la Nation au Parlement ne ſe trouve nulle part. On n'en trouve l'expreſſion que dans les lettres de commiſſions remiſes aux Députés vers le Roi de Navarre, lettres dont il fut défendu de garder minute.

N'allons pas en conclure que les Parlemens n'ont pas le droit de faire des remontrances. Un commis a le droit d'en faire à ſes commettans, & les parlemens ont bien un autre titre.

1577—1580.

Etabliſſement de la traite domaniale *Février.* Origine du droit annuel ſur les marchands de vin en détail. *Mars.* Création des clercs des greffes. *Décembre.* 1777.

1578. Premier bail général du droit de gabelles; la ferme du fourniſſement des greniers en demeura diſtincte, & continua de ſe faire par greniers ſéparés. Le produit de la gabelle en augmenta, mais le fermier y fit des bénéfices énormes. Droit de remede ſur les ouvrages d'or & d'argent, 1579.

Réunion au Domaine de tous greffes & tabellionages. Revente d'iceux. Contrat du Clergé qui s'oblige de lever 1,300,000 liv. par an, pendant dix ans, pour le paiement des rentes ſur l'Hôtel-de-Ville. 1580.

1581.

Juin. — Création des contrôleurs des titres. Source éloignée du contrôle des actes.

18 Juillet. — Origine des nouveaux cinq ſols.

3 Octobre. — Toute marchandiſe aſſujétie à des droits de traite à l'importation.

Décembre. — Etabliſſement général des Corps & Communautés d'artiſans dans toutes les villes du Royaume. *Voyez page* 89 & 103.

1582.

30 Décembre. — Extenſion de l'annuel aux marchands de vin en gros.

1586.

Création des Receveurs des épices, vacations, ſabbatines. Création des grands-maîtres alternatifs.

3. Juin. -- Contrat du Clergé portant renouvellement & continuation de celui du 20 Février 1580. Cette levée eſt la premiere à laquelle le Clergé donne le nom de décimes.

12 Août. — Engagement du droit de trépas de loire, dans lequel Louis XV eſt rentré le premier Janvier 1772.

1588.

Etats de Blois. En demandant de nouveaux ſecours, le Roi promet de montrer par *le menu* le fonds de ſes finances. Cette aſſemblée de fanatiques ſe ſépara, bien décidée à augmenter le trouble & la confuſion des finances & des affaires.

HENRI IV. 1589 — 1610.

Il fut de ſes ſujets le vainqueur & le pere.

PAR rapport aux impôts, il ne faut guere compter les années du regne de ce Prince, que depuis ſon abjuration & ſon entrée dans Paris en 1594. Quel fut le droit des peuples pendant les neuf premieres années de ſon regne ? Tel qu'il avoit été sous le regne précédent, & tel qu'il étoit depuis Charles IX. Le fanatisme fit souvent faire plus de sacrifices que l'autorité légitime n'en auroit exigés, & plus d'une fois l'on vit les troupes non payées, boursiller entr'elles pour fournir la solde promise aux soldats étrangers qui venoient les aider à piller le Royaume. Tandis que les Protestans d'abord, puis les ligueurs tiroient des peuples ce qu'ils pouvoient, les Rois tiroient aussi des secours d'où & comme ils pouvoient. Henri IV fut plus d'une fois aux expédiens & dans la plus grande détresse. La veille de la bataille d'Ivry en 1590, le Colonel Thische, Commandant des Allemands, se vit forcé par la mutinerie des siens, de demander l'argent qui leur étoit dû, avec menaces de ne point prendre part à l'action, s'ils n'étoient payés. Le roi lui répondit avec aigreur : « Comment, Colonel, » est-ce le fait d'un homme d'honneur de » demander de l'argent, quand il faut prendre » les ordres pour combattre ? » Le lendemain il fit satisfaction à l'Officier Allemand, qui lui répondit, que, s'il avoit mille vies, il les mettroit toutes à ses pieds ; il périt dans l'action.

1594.

Avril — Réunion au domaine des offices de

receveurs des consignations. Le parlement refusa d'enregistrer. « Traitez-moi, leur dit Henri, » comme on traite les moines, & ne me re-» fusez pas *vivres & vêtemens*, vous savez que je » suis sobre ; & quant à mes habillemens, re-» gardez comme je suis accoutré ». *Dictionnaire des hommes illustres*. Septembre. — Etablissement du droit de trois livres par charroi. Octobre. – Vente des offices de clercs des greffes.

1595

Mars - Doublement des droits de présentation. Juillet. -- Augmentation des droits de greffes.

En cette année, M. de Sully entra au conseil des finances.

1596.

Assemblée de Notables à Rouen. On connoît le mot de Henri à la Duchesse de Beaufort, qui critiquoit ses expressions : *Je viens me mettre en tutele*.

1597.

Mars. -- Etablissement d'un nouveau sol pour livre. Les Députés des provinces lui en firent des remontrances. « Les impôts que je » leve, dit-il à ceux de Guyenne, ne sont » point pour enrichir mes ministres & mes » favoris, comme faisoit mon prédécesseur, » mais pour supporter les charges de l'Etat ;

» si mon domaine eût suffi, je n'aurois rien » voulu prendre dans la bourse de mes sujets, » mais puisque j'y emploie le mien tout le » premier, il est bien juste qu'ils y contribuent » du leur. *De Perefixe* ».

Avril --- Maitrises & Communautés étendues à tous marchands; précedemment elles n'avoient lieu que pour les artisans. *Page* 99.

1598.

Bail général des Gabelles. Le bail du droit fut uni à celui du fournissement des greniers. Depuis ce temps il n'y a plus de distinction à faire entre le prix marchand & le droit. Ce bail ne comprenoit que les grandes Gabelles. Chaque pays de petites Gabelles avoit son Fermier-Général.

Bail des cinq grosses Fermes, qui étoient 1° celles de rêve, haut passage, domaine forain & imposition foraine; 2° de la Traite domaniale, tous droits de sortie; 3° des droits d'entrée sur les épiceries & drogueries; 4° des droits d'entrée sur les autres marchandises; 5° des mêmes droits dans la ville de Calais. Telle est l'origine du nom de cinq Grosses Fermes donné aux droits de Traites.

1599.

20 Janvier. -- Formation du droit de 9 livres 18 sols par tonneau de vin en Picardie.

Les Contrôleurs Généraux des Finances qui, dans l'origine, étoient les clercs ou contrôleurs du trésor, commencerent à prendre plus d'importance, lorsqu'ils eurent été érigés d'abord en commission, en 1547, puis en office unique, au mois d'Octobre 1554. Il continuoit cependant d'y avoir des Surintendans ; mais à peine on connoît leurs noms. Jean d'Avanson, Artus de Cossé, Pomponne de Bellievre, & François d'O furent Surintendans sous Henri II, Charles IX, & Henri III.

Au mois d'Octobre 1694, d'O mourut dans son hôtel à Paris, ayant, dit Mezerai, l'ame & le corps gâtés de toutes sortes de vilenies. Le Roi se consola aisément de sa perte, parce qu'il faisoit d'effroyables dissipations, & que néanmoins il sembloit le vouloir tenir comme en tutele. Après cela il fit quelque temps administrer ses Finances par un Conseil de cinq à six personnes ; mais ne trouvant pas son compte avec cette multitude mal d'accord, & intéressée, il rétablit la Surintendance, & la donna à Sancy & à Rosny. L'histoire ne se souvient que de Rosny, parce qu'il resta seul en 1599.

1600.

Mars. -- Réglement général sur les Tailles. Remise des restes des impositions pour ce qui en étoit dû jusqu'à l'année 1596.

Les habitans des bords de la Loire, ayant été ruinés par les débordemens de cette riviere, demanderent du soulagement. Sully le fit savoir à Henri IV, qui répondit « Dieu m'a donné mes Sujets pour les conserver comme mes enfans; que mon Conseil les traite avec charité. Les aumônes sont très-agréables à Dieu, particuliérement en cet accident. J'en sentirois ma conscience chargée : qu'on les secoure donc de tout ce que l'on pourra faire; *Economies royales.* Dès-lors on avoit des idées fausses sur les remises ou modérations à faire en fait de Tailles. Henri IV les regardoit comme des aumônes; & tous les gens attachés au ministere ne cessent encore de les regarder comme des libéralités, comme des dons volontaires. Mais c'est une erreur contre laquelle les Cours des Aides se sont constamment élevées. La justice ne permet pas qu'on exige des contributions d'une paroisse ruinée par un accident imprévu. Les contributions sont dues par les fruits de la terre; il répugne à l'équité, au bon sens, qu'on exige une part de fruits qui n'ont pas été récoltés.

1601.

Juin. -- Droit sur les mines, celles de fer exceptées.

12 Octobre. -- Engagistes du Domaine tenus d'en acquitter les charges.

C'est dans cette année, que Henri IV eut occasion de dire ce mot admirable, qui depuis a fait si grande fortune, & qui méritoit de la faire. Le Duc de Savoie, frappé de la population & des richesses qu'il voyoit de tous côtés, s'avisa de demander à Henri ce que son Royaume lui valoit de revenu : « Il me » vaut ce que je veux ; -- encore à-peu-près ? » -- oui, ce que je veux, parce qu'ayant le » cœur de mon peuple, j'en aurai ce que je » voudrai ; & si Dieu me fait la grace de vivre » dix-huit mois ou deux ans, *je veux qu'il* » *n'y ait pas un paysan dans mon Royaume* » *qui ne mette le dimanche une poule dans son* » *pot* ».

1602.

Conversion du nouveau sol, *Voyez* 1597, en autres droits dans quelques cantons, & en subvention sur les villes franches & abonnées aux Tailles.

1604.

7 Décembre. -- Origine de la Paulette.

1607.

Janvier. -- Remise du droit d'Aubaine en faveur de ceux qui établiront des manufactures, entr'autres de tapisserie.

Juin. -- Edit par lequel Henri IV reconnoît que les domaines qu'il possédoit lors de son avénement au Trône, ont été réunis de plein droit à la Couronne, quoiqu'il eût ordonné le contraire par déclaration du 2 Avril 1587. *Voyez 1509, page 75.*

L'économie avoit suffi au Ministre de Louis XII qui ne vouloit pas d'impôts. Henri IV en avoit besoin, & l'économie ne suffisoit pas à son Ministre. Sully fut le premier qui sut asseoir les bâses des impôts, ou plutôt qui ait su se servir avec intelligence de celles qui étoient déja fondées ; mais disons-le, il n'en laissa crouler aucune partie, & profita, en habile homme, des bâses déja fondées pour élever l'édifice un peu plus haut. Il porta le Roi à faire remise des parties arriérées, & que les peuples étoient physiquement hors d'état de payer. Cette conduite attira des bénédictions au Maître & au Ministre, & leur mémoire sera long-temps chere aux François; chere, disons-le encore, à raison des biens que l'on se promettoit d'un si sage gouvernement, & des belles espérances que l'économie faisoit concevoir, plus qu'à raison du bien-être lors actuel. Sous Louis XII, le peuple avoit été heureux ; il alloit le devenir sous Henri IV.

Vers la fin du regne, la recette étoit de trente-deux à trente-trois millions, & la dépense y étoit bien inférieure. C'est de cet excédant qu'avoit été formé le trésor de la Bastille que, dans l'année 1610, M. de Sully articuloit être de vingt-trois à vingt-quatre millions.

Pourquoi ces trésors amassés à la Bastille? *Voyez* 1380, *page* 42 & 44. Pourquoi avoir levé sur les peuples au-delà du besoin annuel? Si nous avions une constitution formée, sous un ministere sage & incapable de dissipation, tel que celui de Henri, cette prévoyance pourroit produire les plus heureux effets. Au bout de cinq ou six ans, lorsque le trésor seroit plein, & dans un temps de paix, on pourroit faire remise au peuple des impôts les plus à charge: on pourroit renouveler cette remise tous les cinq ou six ans. Ce retour périodique de décharge seroit regardé comme une faveur, & en seroit une en effet. Les campagnes respireroient dans l'année jubilaire; dans cette année le paysan mettroit sa poule au pot le dimanche: le vœu de Henri IV seroit enfin accompli.

Pâturage & labourage, disoit Sully. Les trésors du nouveau monde nous ont fait préférer l'ombre au corps. Le temps de l'observation n'est pas encore venu.

LOUIS XIII. 1610-1643.

Nota. Sous ce regne & les regnes suivans, nous faisons beaucoup usage des recherches de M. de Forbonnais : nous les citons une fois pour toutes.

1614.

LES trésors de Henri IV fournirent pendant quelque temps aux profusions & à l'augmentation des dépenses. Les pensions qui, à sa mort, n'étoient que de 625,140 liv. montoient, dès la fin de l'année 1610, à 4,117,456 livres. *Conjurat. de Concini.* Le dépôt de la Bastille ayant été dissipé, il fallut tirer du peuple ce que l'épargne ne fournissoit plus. Les partis commencerent à se former. La Régente crut devoir intéresser les peuples au soutien du Gouvernement, afin d'opposer aux mécontens une sorte de vœu général : les Etats furent assemblés à l'instant de la majorité du Roi.

Ce fut le Président Jeannin qui fit aux Etats le rapport de la situation des Finances, telle qu'elle étoit à la mort de Henri IV, & telle qu'elle étoit devenue depuis : rapport faux dans tous les points, excepté en ce qu'il porte que la dépense étoit augmentée de près de neuf millions, & que la détresse étoit si grande qu'on avoit été obligé de suspendre, cette année, le paiement de la moitié des rentes, & de ce qui étoit dû aux Officiers ſupprimés.

1615.

23 Février. Clôture de l'Aſſemblée des Etats-Généraux. Il n'en ſortit pas un ſeul bon réglement.

Les profuſions continuent; le Maréchal d'Ancre vend à ſon profit les charges dont les Etats avoient demandé la ſuppreſſion. Les Financiers affichent un luxe inſultant, & dont on n'avoit pas eu d'exemple. Excellentes remontrances du Parlement de Paris, dans leſquelles il explique les détails des abus & des folles dépenſes, & la maniere d'y remédier. On peut juger de l'eſprit qui l'animoit par la fin de ces remontrances, dans leſquelles il ſupplie le Roi de n'accorder aucune penſion aux officiers des Cours ſouveraines. Il parloit à un Roi enfant; les Auteurs des déſordres dont on ſe plaignoit, répondirent pour lui.

1616.

Le Prince de Condé mis à la Baſtille, les Grands prennent les armes pour la troiſieme fois. Jeannin diſgracié, Barbin, Contrôleur-Général.

1617.

Fin du Maréchal d'Ancre. Les Grands ſe ſoumettent. Rappel du Préſident Jeannin; il eſt créé Surintendant des Finances, M. de Maupeou, Contrôleur-Général. Barbin arrêté. Galligaye suppliciée, Assemblée de Notables, dont toutes les demandes sont aussi peu écoutées que celles des Etats-Généraux en 1614.

1621.

Les Etats-Généraux avoient demandé le reculement des Traites. Au contraire la ligue des Bureaux intérieurs fut mieux formée que jamais. Ils avoient demandé la suppression de l'hérédité des offices : l'annuel fut en effet supprimé ; mais on conserva le prêt qui assuroit au Titulaire le droit de résignation, pourvu qu'il ne mourût pas dans les quarante jours. L'annuel fut rétabli ensuite, à condition que le Titulaire payeroit sur-le-champ le soixantieme denier de l'ancienne évaluation de son office, & feroit un prêt du quinzieme de la même valeur, avant d'être admis à payer l'annuel. Dans l'intervalle de la suppression de l'annuel, les charges avoient été données à des gens-d'armes, à des valets-de-chambre. On enfonçoit les portes des Officiers malades, pour épier le moment de leur mort. Les Cours souveraines furent dispensées du prêt, parce qu'elles sont plus riches, dit M. de Forbonnais. *Voyez page* 47 & 60.

Etablissement de la Douane de Valence. Plusieurs cantons racheterent le droit par des crues ſur le ſel. On oublia dans la ſuite l'origine des crues & le droit fut rétabli. La maniere, dont le Clergé de Vienne s'y prit pour ne pas payer le droit ſur le vin de ſa dîme, eſt remarquable : il alla proceſſionnellement avec croix & banniere chercher ſa vendange, & la fit entrer dans la ville avec la même pompe. Les Commis reſpecterent le cortege & le laiſſerent paſſer. Cette anecdote peint les mœurs du Peuple & du Clergé de ce temps.

Don gratuit du Clergé de 3,636,768 livres, à condition qu'il ne ſera employé qu'au ſiége de la Rochelle.

Le Comte de Schomberg remplace le Préſident Jeannin. Si de grands talens, des connoiſſances extraordinaires, de l'éloquence & de bonnes intentions avoient pu tenir lieu de la ſcience des finances, & ſi ces talens ſe fuſſent étendus juſqu'à trouver le moyen de procurer toujours des fonds à la cour la plus diſſipatrice, le préſident Jeannin y eût réuſſi. Diſons à ſa louange, qu'il mourut vieux & peu riche.

1622.

Le Comte de Schomberg ſuivit le plan de ſon prédéceſſeur, qui étoit de répondre aux beſoins de l'Etat par des créations de charges, des conſtitutions de rentes, des aliénations de droits & de domaines. On traitoit de tout

avec

avec les financiers au prix qu'ils vouloient. En deux ans, le Roi avoit aliéné 19 deniers par livre sur tous les revenus sans compter les attributions précédentes. Les 4 deniers pour livre de toutes levées pour droit de vérification aux élus, & de 6 deniers pour livre de la Taille aux greffiers furent vendus à des traitans, ensemble 4 millions : un seul objet les valoit & au-delà.

Les Tailles montoient à 25 millions, en 1609 elles n'alloient pas à 15.

1623.

Le Comte de Schomberg est remplacé par le Marquis de la Vieuville. Celui-ci augmenta les Tailles dans un moment de misere; il paya mal les troupes; on l'accusa de favoriser l'agiotage de Beaumarchais, le Trésorier de l'Epargne, son beau-pere. Sa chute fut terrible : il fut arrêté & conduit au château d'Amboise. *Voyez* 1651.

1624.

Le Cardinal de Richelieu à la tête des affaires. Son nom a offusqué celui de MM. de Marillac & de Champagny, Surintendans jusqu'en 1626, celui du Marquis d'Effiat jusqu'en 1632, & ceux de Bullion & de Bouthillier jusqu'en 1643. Il faut cependant remarquer le Marquis d'Effiat, qui eut la grande habileté de ne pas augmenter le désordre, & de faire face à tout ; ce qui n'étoit pas facile dans des circonstances si agitées & si couteuses.

Etablissement d'une Chambre-de-Justice, pour rechercher les Financiers depuis 1607. M. de Sully en avoit fait autant. Ces Chambres furent d'abord nommées Chambres ardentes ; parce que, dit M. de Paulmy, le peuple s'imaginoit sans doute que pour le moins les Financiers seroient brûlés. (C'est à tort que dans la nouvelle édition du Denisart on a donné le nom de *Chambres ardentes* aux Commissions établies à Rheims, Saumur & Valence). La crainte de l'infamie fit réunir toutes les grandes familles auxquelles les Financiers s'étoient alliés ; elles obtinrent la révocation de la Chambre, à condition que les comptes de l'année seroient tellement rendus, que le Roi seroit quitte envers les traitans, & qu'ils payeroient les taxes auxquelles ils seroient imposés au Conseil. Elles monterent à plus de neuf millions ; mais les Grands s'y enrichirent plus que le Roi.

1625.

Beaux réglemens sur l'administration des Finances, & sur le maniment des Comptables, suite de la Chambre-de-Justice, mais réforme passagere. La guerre au dedans & au dehors. La rigueur des circonſtances ne permettoit pas le choix des moyens.

Décembre. Droit de Contrôle ſur la bierre.

1626.

Février. Rétabliſſement du dixieme ſur les mines de fer. Origine du droit de marque des fers. *Voyez* 1413 & 1601.

Don gratuit du Clergé de 1,745,500 livres, en cas que l'on fît le ſiége de la Rochelle. Etabliſſement des droits ſemblables à ceux d'Aides, dans la Bretagne, au profit des Etats. Belles remontrances du Parlement de Provence pour ſupplier le Roi de protéger le commerce, en procurant la ſûreté des mers & celle des côtes de la Méditerranée. Compagnie du Morbihan.

Tous les expédiens de la Finance étoient épuiſés. La dépenſe étoit montée à quarante millions : les dettes étoient de cinquante-deux. Les revenus nets n'étoient que de ſeize. On ne vit de reſſources que dans une Aſſemblée de Notables.

1627.

M. Chevalier, premier Préſident de la Cour des Aides, propoſa à l'Aſſemblée de rendre les Tailles réelles dans tout le Royaume. Son avis n'eut que trois partiſans. Ceci eſt facile à expliquer, dit M. de Forbonnais : l'Aſſemblée étoit compoſée d'Eccléſiaſtiques, de Gentilshommes, & de gens de Robe, tous riches propriétaires de terres, & qui ne connoiſſant pas leurs véritables intérêts, craignirent de ſe trouver garans de l'impoſition du Laboureur, comme ſi cette impoſition leur étoit étrangere dans l'état actuel.

L'Angleterre, qui dès 1620 avoit arrêté pluſieurs de nos vaiſſeaux, & à qui nous avions rendu les repréſailles, autant que nous l'avions pu, donna ordre à tous ſes Sujets de courir ſur nos vaiſſeaux. Auſſi-tôt on défendit tout commerce direct & indirect avec l'Angleterre; mais faute d'eſcadres en mer, nous ne pouvions ſortir de nos ports. Le cri fut général ſur la néceſſité d'avoir une marine.

Le ſiége de la Rochelle fut enfin réſolu. Ce ſurcroît de dépenſes exigea de nouveaux expédiens. On créa des offices nouveaux, & de nouvelles rentes. Le Clergé fournit trois millions. Dès-lors il conſtituoit des rentes ſur lui-même pour acquitter ſes dons gratuits.

1628.

Nouvelle Compagnie du Canada. La premiere n'avoit exercé que des monopoles, & auroit dû éclairer ſur les dangers des priviléges excluſifs. Etabliſſement des ſiéges d'élection en Dauphiné.

28 *Octobre.* Prise de la Rochelle. L'Angleterre & les rebelles avoient bien compté sur l'impuissance du Roi à en soutenir les dépenses; mais les manieres insinuantes du Marquis d'Effiat, son exactitude & le bon ordre qu'il établit, ranimerent tellement la confiance, que le Roi ne paya pas plus de dix pour cent des avances qui lui furent faites, quoique jusqu'alors on n'eût pas payé moins de vingt pour cent. Les charges de l'Etat furent acquittées comme à l'ordinaire; les troupes furent payées tous les huit jours, par des Commissaires affidés, sans laisser passer l'argent par les mains des Capitaines comme précédemment. L'armée du siége de la Rochelle, quoique plus forte que celle du siége de Montauban en 1621 coûta les deux tiers de moins.

1629--1632.

17 *Septembre* 1629. Premier assujétissement du tabac à un droit de Traites.

14 *Février* 1630. Murs, fossés, remparts, places des villes déclarés dépendre du Domaine.

20 *Juin* 1631. Réglement pour la marque des fers.

Octobre. Droit de marque sur les ouvrages d'orfévrerie.

1632. Nouvelle réappréciation des marchandifes. C'étoit une forme déja ufitée depuis long-temps, pour augmenter les droits de Traites proportionnés à la valeur des objets.

1633.

12 Janvier. Droits des quarante-cinq fols des rivieres & des cinq livres par muid d'eau-de-vie.

Juin. Droit de marque & de contrôle fur le papier. Création de quantité de nouveaux offices fur les quais, halles, ports & marchés de Paris, avec attribution de droits. Ce font ces droits, augmentés à tant d'époques, qui forment ce qu'on appelle droits rétablis, un des forts objets des entrées de Paris.

Décembre. Commencement du Parifis, fol & fix deniers, dont on a formé depuis l'*augmentation.* Pourquoi les exempts du gros ne le font-ils pas de l'augmentation ? Pourquoi l'exemption du droit principal n'a-t-elle pas entraîné celle du droit acceffoire ? Voyez 1382 & 1392; c'eft qu'alors il n'y avoit point de Richelieu.

Rétabliffement de nos affaires en Canada. Défenfes aux Etats de Languedoc d'emprunter à l'avenir fans permiffion du Roi.

1634.

Janvier. Réglement général fur les Tailles. Priviléges bornés à l'exploitation d'une seule terre.

Réduction des rentes sur les Tailles décriées dès l'origine, parce qu'on ne paya jamais exactement les arrérages. Suppression d'offices & révocation de quantité de droits & d'attributions : pour les rembourser, on créa huit millions de rentes sur les Tailles, & trois millions sur les Gabelles, avec permission d'en constituer davantage, si ces onze millions ne suffisoient pas. C'est l'origine du désordre & de la confusion qui s'introduisirent dans les Finances, depuis 1634 jusqu'en 1660. Ceux qui se trouverent en crédit, se firent rembourser des sommes dont les titres n'étoient pas fondés. Quoique la liquidation dut se faire à raison du denier quatorze, un grand nombre se fit rembourser à raison de dix-huit pour cent. Il fut enfin créé tant de rentes, que les revenus de l'Etat furent tous engagés. Il devint impossible de satisfaire aux charges. A mesure que le désordre augmentoit, les rentes se négocioient à bas prix. Le Gouvernement voulut en profiter ; il chargea des traitans d'acheter les contrats, & ceux-ci passerent au denier quatorze, même dix-huit, ce qu'ils avoient acheté à raison de deux & trois. Nos Financiers ne feroient pas mieux.

1635---1639.

Avril. Origine des tiers référendaires, taxateurs & calculateurs des dépens.

1636. Cinq grandes armées sur pied. Le Clergé accorde 3 millions. On créa de nouveaux offices & de nouvelles rentes. La valeur du marc d'or portée d'abord à 320 livres, puis 384 livres, & celle de l'argent à 23 livres 10 sols, puis 25 livres. Cette opération dérangea extraordinairement le commerce & les rentiers, elle acquitta quelques dettes de l'Etat avec moins de valeur réelle & diminua celle de ses revenus.

1638. 24 Juillet. Triple cloison d'Angers.

1639. Seconde mauvaise opération sur les monnoies. Il y avoit beaucoup d'especes foibles; on enjoignit de prendre toutes celles qui auroient cours pour leur prix ordinaire, sans qu'il fut permis de les peser. Delà les rognures, la fausse monnoie & tant d'especes décriées, qui entrerent aux coffres du Roi. Sédition en plusieurs endroits occasionnée par la dureté des impôts. Taxes sur les aisés qu'on contraint d'acheter des rentes. Ce projet ne réussit pas, il fallut l'abandonner.

1640.

Premier Février. Tarif du droit de Barage.

Novembre. Origine de la ſubvention générale dont quelques Provinces ſe racheterent, & qui a formé la ſubvention à l'entrée & au détail, la ſubvention par doublement, le droit du pont de Joigni, &c.

L'autorité des Elus grandement diminuée, les Intendans autoriſés à faire le département. On crut y gagner près de 9 millions, l'arbitraire en augmenta & les peuples regreterent les anciens abus.

1641.

Amortiſſement général du Clergé moyennant une ſubvention extraordinaire. Réforme des eſpeces d'argent décriées; la valeur du marc portée à 25 livres. Cette réforme arrêta enfin les rognures.

1642.

Mort du Cardinal Richelieu, uivie de celle de Louis XIII, en 1643.

Si le Cardinal a rendu ſervice à la France, il lui a fait auſſi bien du mal. Grand politique, mauvais adminiſtrateur; ſous lui les rentes furent décriées, la foi publique fut trompée, les impôts furent doublés & la détreſſe étoit extrême, les Tailles étoient portées à 44 millions, tous les revenus alloient à 79 à-peu-près, mais il y avoit des charges pour 46. Le net n'étoit que de 33, le déficit étoit conſidérable, i étoit dû 1,200,000 livres de gages aux officiers du Parlement, aux autres à proportion; les fonds des années 1644, 1645 & 1646, étoient mangés d'avance, le minot de sel qui en 1598 valoit 8 livres 5 sous 8 deniers, coutoit, en 1639, 23 lives 12 sous 2 deniers.

Louis XIV. 1643—1715.

1643.

Le Cardinal Mazarin à la tête des affaires. De Bailleul sur-Intendant.

> Richelieu, Mazarin, Ministres immortels,
> Jusqu'au trône élevés de l'ombre des autels,
> Enfans de la fortune & de la politique,
> Marcherent à grands pas au pouvoir despotique.
> Tous deux haïs du peuple, & tous deux admirés,
> Tous deux par leurs efforts ou par leur industrie
> Utiles à leur Roi, cruels à la patrie.
>
> *Henriade.*

Emprunt de douze millions : augmentation des droits d'Aides; exaction du droit de joyeux avénement; Engagistes du Domaine libérés de ses charges, en en rachetant le principal; réunion de plusieurs droits d'offices aux fermes du Roi.

1644.

Taxe ſur les maiſons bâties dans Paris hors des limites marquées par les Ordonnances. Le Parlement refuſa l'Edit. Il fallut remplacer l'impôt par une augmentation ſur les Tailles, ſous le nom de ſubſiſtance, & par une création de rentes ſur les aiſés & les Notables. Le Parlement fit encore des difficultés ; il fallut révoquer le nouvel Edit, & avoir recours à d'autres expédiens.

Juillet. Nobleſſe des Cours.

1645.

Chaque jour le Miniſtere envoyoit de nouveaux Edits au Parlement, qui ne ceſſoit de faire éprouver des contradictions. Cependant le mal étoit inſtant ; nous étions à la veille d'une paix qui alloit décider du ſuccès de plus de vingt-deux années de guerre. Pour remédier au retard que la réſiſtance du Parlement faiſoit éprouver, les Tailles furent miſes en parti ; les exactions furent portées à leur comble : les exécutions, les empriſonnemens troublerent la culture. Enfin la Régente ſe décida à conduire le Roi au Parlement, où elle fit vérifier dix-huit Edits burſaux. Le Surintendant s'aviſa de taxer les Financiers & leur argent dont il avoit beſoin, en acquit un nouveau prix fort au-dessus des médiocres secours qu'il en tira.

Mai. Droits d'échange en toute coutume au profit du Roi ; droits qui contrarient la facilité des échanges.

1646.

Emery Surintendant. C'étoit lui qui, n'étant que Contrôleur-Général, avoit imaginé la plupart des impôts contre lesquels le Parlement s'étoit élevé. Il étoit haï, & les clameurs publiques firent échouer les meilleures ressources. Il établit de nouveaux droits aux entrées de Paris, & les attribua aux Officiers créés sous prétexte de police. Cette sorte d'impôt motiva la plus vive opposition du Parlement ; il fallut composer : les denrées provenant du crû des Bourgeois furent exceptées de l'impôt. Cette exception subsiste. *Quod notandum.*

1647.

Nouveaux emprunts, nouveaux offices, doublement des octrois des villes, les droits lors actuels portés au Trésor royal. Le Gouvernement prenoit l'argent là où il en trouvoit.

1648.

Le peuple, dit M. de Forbonnais, a le sort d'un avare qu'un indigent assassine, parce qu'il n'en a point été secouru dans sa misere. Au nombre des nouveaux Edits, celui des rentes, aussi imprudent qu'inhumain, réduisoit à la mendicité un grand nombre de familles médiocres, qui n'avoient pas d'autre subsistance, & ôtoit jusqu'à l'espérance du crédit. Tous les Corps se rallierent & demanderent au Parlement la réparation des torts. Le premier Ministre ne connoissoit de honte que celle de ne pas arriver à son but, la paix de Munster : Emery fut sacrifié. Le Maréchal de la Meilleraye eut la Surintendance, à laquelle il n'entendoit rien. On transigea avec le Parlement, qui passa une partie des impôts, & rejeta l'autre. On révoqua les assignations données aux Financiers qui avoient avancé de l'argent au Roi, sous l'excellente raison qu'ils étoient tous gens de rien ou tous riches. La plupart firent banqueroute, & les aisés qui leur avoient prêté, payerent ainsi la plus forte taxe qui ait été imposée sur eux. Le Clergé fit comme le Roi, & retrancha un quartier & demi sur les rentes de ses créanciers.

Emery est rappelé, & reprend la Surintendance abandonnée par le Maréchal de la Meilleraye.

1650.

Désordre général. Les Collecteurs des partisans des Tailles n'osoient se montrer avec leurs satellites. Le sel se vendoit publiquement dans les marchés : les Princes, la Noblesse, le peuple, le Parlement même, tout est entraîné par l'esprit de vertige. Le Cardinal Mazarin céde à l'orage.

1651.

Majorité de Louis XIV. Soumission des Parlemens. Enregistrement de plusieurs Edits bursaux précédemment retirés.

Le Président de Maisons, Surintendant; puis le Marquis de la Vieuville, rétabli. *Voyez* 1623.

1653.

Etablissement de la premiere Tontine. MM. Fouquet & Servien, Surintendans. Un singulier expédient fut celui d'annoncer une réduction d'un sixieme par gradation sur les monnoies. Il réussit, & trop; car la facilité d'emprunter fit manger d'avance les fonds des années 1655 & 1656.

1654.

Quand les diminutions des especes furent passées, chacun voulut avoir son argent: il manqua absolument sur la place; personne ne voulut prêter sur les assignations de 1657. Publication de dix-sept nouveaux Edits bursaux. Le peu de confiance qu'on avoit dans la parole du Cardinal rendoit tous les Edits inutiles. Il menaça les Financiers, & ajouta deux nouveaux sols pour livre aux droits des Fermes. Enfin il laissa agir le crédit personnel de Fouquet.

1657.

Il y avoit jusqu'à douze sols pour livre en sus des droits des Fermes.

1661.

Mort du Cardinal Mazarin. Il faisoit des impositions par simples lettres de cachet, & disposoit de vingt-trois millions par an à sa volonté. Les Surintendans n'étoient que ses Courtiers, chargés de trouver de l'argent à quelque prix que ce fût, & de payer souvent sur des ordres verbaux & sans quittances. Les affaires extraordinaires étoient les seules qui se vendissent, & elles se négocioient de maniere que, pour 400,000 liv. de rente, le Roi ne recevoit que 800,000 liv. Pour faire cadrer à la Chambre des Comptes la recette réelle avec le capital de l'aliénation, on avoit recours aux Ordonnances de comptant, mises entre les mains du Roi. Elles monterent souvent jusqu'à 80 millions par an. Frondeurs actuels ! avez-vous quelque idée de ces faits, régénérateurs des choses ? Faisons mieux. Le Roi le desire.

Sur les richesses de Mazarin, *Voyez* le nouvel ouvrage de M. Anquetil : *Louis XIV, sa Cour, & le Régent*, tom. 1, pag. 45 : bon ouvrage, comme les autres ouvrages de cet Auteur.

A la mort de Mazarin, M. Fouquet étoit ſeul Surintendant. En 1655, loin de ſuivre l'effet des menaces du Cardinal aux Financiers, il les raſſura contre la crainte des recherches, & tranſigea avec eux pour les terminer ; il en aida même pluſieurs, dont le crédit chanceloit ; & ces opérations ſoutinrent un peu le crédit, dont on avoit le plus grand beſoin. Le commerce a de grandes obligations à M. Fouquet. Nous lui devons la conſervation de nos Colonies, totalement oubliées dans le Conſeil.

15 Septembre. --- Suppreſſion de la charge de Surintendant après la diſgrace de M. Fouquet. Sa chute & ſon procès rappellent la fin malheureuſe des précédens Surintendans. *Voyez* la belle Elégie de la Fontaine ſur le ſort de celui-ci. C'eſt peut-être la plus belle piece de ce génie.

Par la ſuppreſſion de la charge de Surintendant, le Roi ſe réſerva le droit d'ordonner les dépenſes. A cette exception, toute l'autorité du Surintendant paſſa au Contrôleur-Général *Colbert.*

1661.

Réduction du nombre exceſſif des charges créées ſous les précédens miniſteres. Suppreſſion des charges de Finance, dont les titulaires affectoient trop d'indépendance. Formation d'un Conſeil

Conseil Royal. Réforme générale dans la composition des Sieges des Elections, Greniers à Sel, & maitrises des Eaux & Forêts. Formation d'une Chambre de Justice.

1662.

Disette. Le Parlement avoit cru remédier aux conséquences de ce malheur en défendant l'achat & le commerce des grains. Vieille erreur qui subsiste encore, & dont Colbert étoit imbu. Remise des restes des impositions depuis 1647 jusqu'à 1656. L'Etat n'y perdoit qu'une vaine créance, & il y gagna par la promptitude des recouvremens. Les peuples furent soulagés des persécutions, des contraintes & des frais inutiles à la chose. Réduction à 9 deniers pour livre des remises ou droits accordés aux Receveurs. Ils alloient précédemment jusqu'à 5 sols. Fidélité de la perception assurée. L'état de chaque Caisse inspecté. Résultat signé par les Receveurs-Généraux pour faire le payement des Tailles dans le cours de 18 mois. On croyoit avoir besoin d'eux, & on le croit encore. « Ce » vain étalage du crédit des compagnies de Fi- » nance ressemble exactement à celui que fe- » roit un grand Seigneur d'une multitude de » domestiques, s'enrichissant des débris de sa » fortune. » *Forbonnais.* Je le répete, je ne fais que l'extraire.

1663.

Rembourſement de toutes rentes créées depuis 1656, achetées la plupart par les Financiers, au denier deux & trois. Révocation de toutes les aliénations des droits d'Aides & autres, & réunion au bail des Aides, lequel eſt, par cette raiſon, conſidérablement augmenté. Les octrois des villes, leurs biens patrimoniaux, mieux adminiſtrés. Réglement ſur les tailles.

1664.

La Chambre de Juſtice continue ſes recherches. Vérification de tous rembourſemens faits depuis 1630, pour en tirer un ſupplément. Vérification de toutes rentes créées ſans enrégiſtrement, & de tous traités faits & non-exécutés par les traitans. Tailles réduites à 36 millions. Elles baiſſerent encore & beaucoup. Forbonnais ſe trompe, la réduction ne fut point réelle. Avant Colbert il y avoit eu juſqu'à 56 millions de tailles, mais la moitié n'en étoit pas payée. Il y avoit ſans ceſſe des non-valeurs exceſſives, & quelque déficit qui ſe trouvât dans une année, on ne diminuoit point la commiſſion l'année ſuivante; on continuoit d'ordonner la même impoſition; les Elus en faiſoient porter la grande partie ſur des objets chimériques, ſur des montagnes ſtériles, ſur des cours d'eaux. Ils avoient intérêt à ces abus, parce qu'ils avoient des droits proportionnés à la quotité de l'imposition. Colbert y remédia. Il fit réduire les commissions à ce que les Elections payoient en effet ; les tailles parurent baisser, mais loin de cela, elles furent réellement plus considérables. *Voyez 1672.*

Défense de saisir les bestiaux servans au labourage, & limitation de la faculté de saisir les bestiaux donnés à cheptel. L'encouragement donné à la multiplication des bestiaux, fut un des plus grands secours que les campagnes reçurent de Colbert. Il suspendit un peu l'irruption des maux dont l'interruption du commerce les menaçoit.

Commerce du Nord protégé, celui des Indes Orientales plus encouragé, celui des Indes Occidentales plus florissant. La jalousie des Hollandois en est inquiétée.

Septembre. -- Tarif des droits de Traites ; chef-d'œuvre lors actuel des connoissances économiques & politiques, mais qui par le refus que firent quelques provinces d'agréer ce tarif, que par cette raison on appelle provinces étrangeres, est devenu la source de tant de plaintes assez fondées. Colbert s'étoit fait aider par les plus habiles négocians des principales villes du Royaume.

1665.

Etabliſſement des célebres manufactures. Réduction des rentes. Celles appellées *petites tailles* furent le moins ménagées. Elles avoient été décriées dès l'origine. 1000 liv. furent réduites à 300 liv. Rétabliſſement de l'annuel & du prêt ſur la plupart des offices.

1666.

10 Juin. -- Bail général des Domaines.

Novembre. -- Edit en faveur des mariages. Il accordoit des exemptions à ceux qui avoient un certain nombre d'enfans, & à ceux qui ſe marioient avant majorité.

Les impoſitions furent plus fortes qu'en 1665, ſans que les parties du Tréſor-Royal en augmentaſſent, parce qu'il fallut rembourſer partie des avances faites pour l'établiſſement de la marine & des manufactures.

1667.

Révocation des annobliſſemens faits depuis 1630. Les traitans inquiéterent les veritables Nobles, & les faux Nobles acquirent la nobleſſe en payant. La Compagnie des Indes Occidentales ruinée.

Avril. -- Edit général ſur le Domaine.

18 Avril. -- Réforme au tarif des droits de Traites. Réforme néceſſitée par le refus que font les provinces étrangeres d'accepter le tarif de 1664. Origine des droits uniformes.

1668.

Paix d'Aix-la-Chapelle. En réunissant une belle province à la France, elle diminua le nombre de ses alliés, & augmenta les dépenses de l'Etat. Il fallut pourvoir promptement à la sureté des nouvelles possessions par des fortifications qui coûterent des sommes immenses : cependant le Louvre s'élevoit, les prodiges de Versailles s'avançoient, les meubles rares & précieux s'accumuloient.

1669.

Formation de la Compagnie du Nord, l'exclusif gâta tout : commerce du Levant en quelque sorte créé. Ordonnance sur les Eaux & Forêts. Commerce de mer permis sans déroger à la Noblesse. Remise du droit d'Aubaine en faveur des négocians étrangers. Création des Greffiers des affirmations. Contrôle des exploits.

1670.

Droit de Gros réglé, ainsi que celui de l'ancien sol pour liv. sur les especes réservées. Les grandes dépenses en meubles, diamans, tableaux & bâtimens à Versailles, au Louvre, à l'Observatoire & autres, commencerent dès cette année d'excéder les projets de dépense. La guerre survint, & l'Etat roula continuellement sur des anticipations de revenus, indépendamment des affaires extraordinaires.

1671.

Les Hollandois défendent l'entrée de nos vins, de nos eaux-de-vie, & de nos manufactures. Réduction des droits d'entrée sur les denrées importées de l'Amérique & de nos Colonies. Gratification de 4 liv. par baril de bœuf salé sortant de nos ports pour les Colonies, gratification contre laquelle on cria, & qui enleva pour toujours cette branche de commerce aux Hollandois. Dépenses extraordinaires pour les fortifications de Dunkerque. Commencement de l'Hôtel des Invalides. Préparatifs de la guerre. Ferme des postes. Supplément de Finances demandé aux Officiers conservés. Tarif de Flandre. Droits de formule, ou papiers & parchemins timbrés.

1672.

« Si les recettes ne suffisent pas, dit Colbert au Roi, les seuls moyens de les augmenter sont les emprunts, les augmentations d'impôts, les aliénations. Les emprunts ne peuvent aller qu'à 3 à 4 millions au denier dix-huit. Les tailles produisent plus, actuellement qu'on n'en retire que 33 millions, que lorsqu'elles étoient portées à 56 millions, comme en 1658. *Voyez* 1664. Néanmoins elles ont été augmentées d'un million pour les étapes, & le seront d'un autre million en 1673.

» Quant aux aliénations, il observoit que le Roi » avoit retiré tout, & qu'il étoit en possession » de 4 millions de revenus, soit en Greffes, » soit en Domaines, que l'on pouvoit aliéner, » & dont on pouvoit retirer 4 millions sur le » pied du denier dix.

1673 -- 1679.

Villes maintenues dans l'abonnement du droit de franc-fief, moyennant finance. Janvier 1673. - Mars. Création des Receveurs-Généraux provinciaux, de Greffiers, de principaux Commis, &c. Réglement sur les tailles. 20 Mars. - Nouvelle commission pour les aliénations. 18 Novembre. -- Déclarations demandées au Clergé. 12 Décembre. -- Droits d'échange en toute coutume, aliénés. Rétablissement des Courtiers-Jaugeurs, droits de marque sur l'étain. Doublement du droit de marque sur l'or & l'argent. Aliénation des petits Domaines. Vente du tabac reservée exclusivement au profit du Roi. 1674. Paix de Nimegue. 1678. --- Dans toutes ces années, on eut recours à toutes sortes d'affaires extraordinaires. Les Corps d'arts & métiers furent plus multipliés que jamais. On augmenta le nombre & les titres des Officiers sur les ports, quais, halles & marchés de Paris, des vendeurs de veaux, de cochons, de marée, de volailles, de mesureurs de grains, jurés vendeurs de foin, de cuirs, &c. &c. On créa des charges aux Cours & aux Sieges inférieurs, on vendit l'exemption de taille. — 1679. Etablissement de la caisse des emprunts au bureau des fermes unies. Admission des étrangers à l'acquisition des rentes. Le crédit intérieur ne suffisoit plus, il fallut récourir aux étrangers.

Le marc d'or, qui en 1662 étoit à 423 liv. 10 sols, fut porté à 437 liv. 9 sols. Le marc d'argent de 26 liv. 10 sols, à 29 liv. 6 sols 11 deniers. Le billonage fut excessif, & ne cessa que lorsqu'on eut pris le parti de porter à 4 sols les pieces de 3 sols 6 deniers.

1680-1682.

Les remboursemens & liquidations commencées en 1678 continuent; mais pour payer les dettes arriérées, on fut obligé d'augmenter la masse des rentes, & Colbert les réduisit ensuite en en baissant le taux. Enfin, malgré ses opérations, la dette étoit trop forte; & pour se mettre au niveau, il fallut de nouveaux expédiens.

Ordonnances sur les Gabelles. Mai 1680. Le prix du minot de sel étoit alors d'environ 40 liv. *Voy.* 1642, & comparez la valeur des especes en 1642, 1680 & 1789. L'Ordonnance ne concerne point les pays de petites gabelles, ni les gabelles locales, qui sont réglés par des réglemens particuliers. Mais elle concerne aussi les dépôts situés en pays rédimés, & son but est de borner, autant qu'il est possible, la consommation des habitans de ces pays voisins de ceux de gabelles. Là il faut manger doux, ici il faut manger salé. Telle est la différence entre les greniers en pays de gabelles, & les dépôts en pays rédimés.

Ordonnance des Aides & droits joints, Marque des fers, Formule, &c. Juin.

Ordonnance des Fermes en général; en particulier sur le tabac, la marque d'or & d'argent, les octrois des villes, les cuirs, les cendres, soudes & gravelées, l'étain, les toiles, les poissons, & le droit de fret.

1683.

Le Pelletier succede à Colbert. Nous nous arrêterons un peu sur celui-ci.

En entrant dans le ministere, Colbert avoit trouvé des revenus constans pour 84 à 85 millions, il les laissa de 112 à 113. Ainsi par des impôts il les avoit augmentés de 27 à 28 millions. M. l'Abbé Terrai n'a pas fait mieux.

Il avoit trouvé des charges pour 52 à 53 millions, il les avoit réduites à 25 ou 26; & c'est en cette partie que le talent de Colbert excella. Heureux! si ses moyens eussent été tous conformes à l'équité, & si les diminutions qu'il opéra, eussent été la suite de remboursemens effectifs, & non de suppressions & de réductions injustes, & qui étoient de vrais larcins faits aux pauvres rentiers. *Voyez* 1770.

Les parties du Trésor-Royal qui en 1661 n'étoient que de 31 à 32 millions, se trouvoient en 1683 portées à 87. Mais les dépenses, à quel excès n'étoient-elles pas montées? Les revenus ordinaires ne pouvoient y suffire. Depuis 1670, & sur-tout 1678, Colbert étoit aux expédiens, & ses ressources ne furent pas plus heureuses que celles de ses prédécesseurs. Il fut impossible de payer les dettes arriérées, & de couvrir les anticipations, sans ajouter de nouvelles charges perpétuelles qui ajoutoient à la nécessité de l'augmentation des impôts. C'est ce que les successeurs de Colbert ont fait, & ce que lui-même eût fait s'il eût vécu plus long-temps.

« Pour soutenir les dépenses de l'année 1681, » disoit-il à Louis XIV, il seroit nécessaire de » réduire les dépenses à 68 millions, & même » d'en retrancher encore deux, vers le milieu de » l'année. Cependant il *faut toujours affecter l'air* » *d'abondance*, & payer les dettes qui seroient » demandées pour soutenir le crédit ».

Voici un autre texte.

« J'aurois tout perdu, si j'avois pris l'attitude » de la pénurie, au moment que je devois en

» dissimuler la réalité. Toutes mes ressources » étoient dans le crédit, tous mes efforts ont » dû tendre à le rétablir ; l'argent manquoit, » parce qu'il ne circuloit pas ; il a fallu le ré- » pandre pour l'attirer ; se donner l'*extérieur de* » *l'abondance* pour ne pas laisser appercevoir l'é- » tendue des besoins ». *M. de Calonne*, Procès-verbal de l'Assemblée des Notables 1787, page 65.

Comparez ces deux textes, & jugez des réputations.

Quoi qu'il en soit des talens si vantés de Colbert, c'est à lui que nous avons obligation de l'impôt du tabac, de celui du contrôle, de celui des papiers & parchemins timbrés, des droits rétablis aux entrées de Paris, des droits attribués à des charges de toute espece, qui depuis ont été convertis en droits domaniaux, ou droits d'Aides, de l'augmentation des gabelles & des frais de justice. Après avoir ruiné les campagnes en s'attachant toujours à faire baisser le prix des bleds, il a ruiné le commerce intérieur, en faisant tomber quantité de petites manufactures écrasées par d'autres manufactures de luxe. Enfin nous lui avons obligation du régime réglementaire de l'industrie, & du joug aggravant des maitrises. De toutes les grandes compagnies de commerce qu'il établit à grands frais, une seule subsistoit à sa mort, & portoit déja dans son sein le principe destructeur de sa prospérité.

1684.

Guerre avec l'Espagne. Disette. Conversion des rentes du denier 20 au denier 18, moyennant un supplément. Création d'autres rentes. Augmentation de gages à tous les Officiers. Renouvellement du prêt & de l'annuel. Les produits des revenus casuels en augmenterent considérablement.

1685.

Fuite d'un grand nombre de familles protestantes, qui porterent aux étrangers le plus clair de nos richesses numéraires, & quelque chose de plus précieux, notre industrie.

1687.

Ordonnance des traites, la mieux rédigée de toutes les Ordonnances des Fermes, celle dont les parties se lient le mieux les unes aux autres. Le Domaine d'Occident commence à être affermé. Hameaux & écarts sujets aux droits d'Aides. Nouveau fléau des campagnes. Double droit sur l'eau-de-vie; triple droit sur l'esprit-de-vin.

1688.

M. de Pontchartrain succede à M. le Pelletier. Celui-ci mérite un éloge que Colbert n'a point obtenu. Le commerce des productions de la terre reçut de lui des faveurs. Les campagnes reſpirerent un peu. Il facilita le commerce des grains, en ſupprimant beaucoup de péages & de droits.

M. le Tellier ſe plaignoit à Louis XIV de ce que M. le Pelletier n'étoit pas aſſez dur pour être à la tête des finances. « Je n'en» tends pas, dit le Monarque, que mes ſujets » ſoient traités durement ». Belle réponſe ſans doute. Pourquoi la choſe ne répondit-elle pas au mot? Hélas! elle ne répondit pas beaucoup plus au beau mot de Henri IV. Les revenus étoient alors de 117 à 118 millions. Les charges perpétuelles de 30. *Voyez* 1683, *page* 137 & 1699, *page* 144.

Un ſiecle eſt revolu. Le marc d'argent valoit 29 à 30 liv. Il en vaut 53 & plus. Ainſi les 118 millions de ce temps équivaloient à 214 & 215 millions, valeur actuelle. Les charges n'étoient qu'au quart des revenus; elles abſorbent aujourd'hui la moitié.

1689-1691.

Dès la premiere année de ſon miniſtere, M. de Pontchartrain eut recours à toutes ſortes d'impôts indirects. Le projet des affaires extraordinaires, dans cette ſeule année, excéda 95 millions. Projet de faire des magaſins dans chaque province; projet qui échoue, parce que les fonds furent divertis à d'autres usages. Réforme nouvelle dans les monnoies, qui furent haussées d'un dixieme; réforme fatale au commerce, parce que les étrangers voulurent recevoir au cours de l'ancienne monnoie, & payer au cours de la nouvelle. 1689.

Création des Greffiers des Corps & Communautés, des Greffiers des tailles, d'officiers municipaux, des Jurés-Crieurs d'enterremens, des Greffiers de l'écritoire. Augmentation de gages aux Officiers. Droits nouveaux aux entrées de Paris sur les bestiaux, fermes des suifs Ferme de la vente exclusive du café, qui ne réussit pas. 1690. Dans des temps plus fâcheux encore, en 1701, on imagina de mettre en privilege exclusif la vente de la neige & de la glace. Droit de marque sur les chapeaux, droit qui fit grand tort à cette manufacture. Don gratuit du Clergé de 12 millions. 1690.

Création de nouvelles charges dans les corps de métier & de commerce. Receveurs des épices, vérificateurs des défauts. Droits manuels sur le sel. Soixante nouveaux offices de Secrétaires du Roi. Taxe sur les Offices municipaux donnant la noblesse. Offices nouveaux aux Amirautés. Premiers Présidens aux bureaux des Finances. Courtiers de vins. Pourvoyeurs d'huîtres à la ſuite de la Cour. Cent charges de Barbiers - Perruquiers. Eſſayeurs de la bierre. Nouvelles rentes. 1691.

Offices de Médecins & de Chirurgiens. Lettres de réhabilitation & de maintenue de nobleſſe. 1692.

Contrôle des actes dans ſon état actuel. Officiers du ban & de l'arriere-ban. Taxe ſur les Aubergiſtes, ſur les bois des Eccléſiaſtiques. Nouvelle refonte des monnoies. Droits de quittance aux Receveurs des tailles. Création des Receveurs des octrois & revenus des villes. 1693. 1694.

1695. 1698.

Origine de la capitation. Le Languedoc en avoit donné l'idée, & s'y étoit ſoumis. De tout temps, cette Province a fait les premiers & les plus grands ſacrifices pour la gloire de l'Etat. *Voyez* 1356.

Le Clergé accorde quatre millions par an, auſſi long-temps qu'elle durera. La miſere étoit grande. On annonça au peuple une diminution de trois millions ſur les tailles. 15 millions de plus, dit M. de Forbonnais, l'auroient moins fatigué, que la ceſſation du commerce des grains, obſtrué par des droits de tout genre, & par une foule effrayante d'Officiers de tout étage. Tout Officier, ajoute-t-il, réunit quatre moyens infaillibles de ruiner l'Etat; 1°. des gages, 2°. des privileges, 3°. un exercice, 4°. des droits ou salaires.

Aliénation des droits sur le poisson, droits qui ont porté tant de préjudice à nos pêches. Taxations accordées aux Officiers comptables. Confirmation des foires & marchés, moyennant finances. Vente de Lettres de noblesse. Offices de Gouverneurs des villes closes. Maîtrises des armoiries. Tontine. 1696.

Travail extraordinaire des monnoies. Paix de Riswick. 1697.

Suppression de la capitation, 1698. On liquide, on rembourse, on fait des réconstitutions de rentes à taux moins forts.

1699.

M. de Pontchartain devient Chancelier.

Les revenus qui, en 1688, étoient de 118 millions, excédoient 128 en 1699. Augmentation de 10 millions.

Les charges perpétuelles, qui, en 1688, étoient de 30 millions, excédoient 51 en 1699. Augmentation de 21 millions.

Le net du Trésor Royal, qui, en 1688, étoit de 88 millions, n'étoit plus en 1699, que de 77.

Cependant, à l'aide d'affaires extraordinaires, M. de Pontchartrain paya tout, & ne laissa pas même les choses dans un grand embarras. Durant

rant les onze années de son ministere, les dépenses furent de . . . . 2,000,370,566 l.

Les revenus n'avoient été que de	863,000,000
Le déficit avoit été de	1,137,370,566 l.
Mais les monnoies avoient produit	94,000,000 l.
Et il avoit été fait des affaires pour	731,400,000
Total	825,400,000 l.

Observons que cette derniere somme est à-peu-près égale à celle des revenus, & concluons que constamment le déficit avoit été, sous ce ministere, d'une somme égale à celle des revenus. Avons-nous encore quelque idée de ces faits ?

12 Octobre. Réglement sur les Capitaineries. C'est encore à François Ier que nous devons ces beaux établissemens, dont Louis XIV a diminué le nombre par ce Réglement. Alors il y avoit beaucoup plus de Capitaineries qu'il n'y en a aujourd'hui. Ce n'est pas dire qu'il n'y en a pas encore trop. La propriété des sujets doit être aussi chere aux Rois & aux Princes, qu'aux sujets mêmes. Ils doivent du moins la respec-

ter, & tellement régler leurs plaisirs, qu'ils ne soient pas nuisibles.

1700.

M. de Chamillart, Contrôleur-Général. Malgré vingt-six années de refonte, celle-ci commença par une diminution des monnoies. Augmentation de gages héréditaires. Supplément de finance exigé de divers Officiers. Création d'autres. Recherches des droits d'amortissement & de franc-fief. Formation d'un Conseil de commerce. Loi somptuaire. Si le luxe, dit M. de Forbonnais, ne rendoit au peuple quelque moyen de subsister, il seroit bientôt réduit à la plus affreuse misere. Arrêter les canaux de la profusion, ce seroit fermer ceux par lesquels la substance du peuple peut lui retourner, quoique d'une maniere lente & insensible.

1701.

Guerre pour la succession d'Espagne. Rétablissement de la capitation. « A Dieu ne plaise, » disoit Louis XII, que je leve sur mes peu» ples les frais d'une guerre qui m'est person» nelle (guerre pour le Milanois). Ferme du droit sur les cartes. Nouvelle réforme des monnoies. N'y ayant pas assez de fonds pour payer en argent comptant les especes apportées à l'Hôtel des monnoies, le Directeur imagina de donner des billets à termes peu éloignés. Il fut d'abord très-exact à payer ; & cette exactitude mit ses billets en vogue. Taxe sur les Traitans des affaires extraordinaires faites depuis 1689. La circonstance n'étoit pas propice ; on alloit avoir besoin d'eux.

Retour de plusieurs vaisseaux, que quelques particuliers avoient envoyés à la Chine sous le nom de Compagnie de Jourdan, retour heureux & riche.

1702. 1703.

Multiplication des Tribunaux & des Offices. Création des Arpenteurs, Mesureurs des terres, des Contrôleurs des bans de mariage, des forts & sergens sur les ports, des mesureurs de charbons, des boteleurs de foin, des auneurs de toiles, des Chevaliers d'honneur aux Cours. 1702. Renouvellement des billets de la caisse des emprunts, *voyez* 1679, *pag.* 136, avec intérêt de huit pour cent, ce qui monte toutes les affaires sur le pied d'un profit ruineux pour l'Etat. Plus on haussoit l'intérêt, plus l'argent se resserroit. 1702.

Nouvelle création de toutes sortes d'Offices. Il en étoit peu qui ne fussent créés au-dessous du denier douze. 1703. Nouveau tarif des ports de lettres. Le Directeur de la Monnoie renouvelle ses billets à longs termes. *Voyez* 1701.

1704.

Nouvelle refonte. On cherchoit de l'argent. Il en falloit au moment. Les billets de monnoie produisoient sept & demi pour cent. A mesure qu'il se présentoit quelque objet de dépense, on payoit avec ces billets, dont aucun fonds n'assuroit plus le paiement. Suspension du remboursement des capitaux à la caisse des emprunts, jusqu'au mois d'Avril 1705. Les billets de monnoie n'en souffrirent pas encore. Loterie.

Février. Origine du droit des Inspecteurs aux boucheries. -- Tarif du marc d'or des offices. 7 Octobre.

1705.

Pour arrêter l'empressement du public à exiger le remboursement des capitaux à la caisse des emprunts, on en hausse l'intérêt de deux pour cent. L'expédient ne réussit pas. On rembourse moitié en argent, moitié en billets de monnoie, que l'on fabrique exprès. Alors ces billets partagerent le discrédit. On ordonne qu'il en entrera un quart dans tous les paiemens, excepté ceux qui se feront aux recettes du Roi. Alors le débiteur voulut payer, & le créancier ne voulut pas recevoir. Les billets de monnoie perdent 75 pour 100. Pour rétablir le crédit, on les reçoit pour moitié de paiement à la caisse des emprunts, d'où on les rendoit aux fournisseurs, qui payoient ainsi leurs dettes. Les plus riches les achetoient à vil prix, pour les faire passer en paiement, aux termes de la loi. Près de dix-huit mois se passerent dans cette situation. Comparons cette époque à la nôtre, & plaignons-nous de l'agiotage.

3 Mars. Deux sols pour livre en sus de la taille, de la capitation, & de tous les droits des Fermes.

Mai. Origine du droit sur les huiles & savons, réglé en 1716.

Octobre. Droits des Inspecteurs aux boissons. Extension du contrôle. Défenses de faire usage des actes sous signatures privées, s'ils ne sont contrôlés.

1706. 1707. 1708.

Mêmes désordres, mêmes ressources désastrueuses. On coupe les billets de monnoie en petite somme de 200 liv. jusqu'à mille liv. On ordonne de les recevoir pour argent comptant. On défend ensuite l'escompte de ces billets en échange de l'argent, au-delà de six pour cent. Ils ne trouverent plus d'échange. On les convertit ensuite en billets de 1000 livres & de 500 livres. Enfin, on ordonne que ceux qui restent dans le commerce, ne produiront plus d'intérêt. Cependant, pour soulager les porteurs, on permet d'en convertir pour 25 millions en promesses des Fermiers-Généraux, & pour autant en billets des Receveurs-Généraux des Finances, avec intérêt au denier vingt. Enfin, on ordonne de porter au Garde du Trésor-Royal les billets de monnoie non-reformés, & on les convertit en contrats de rente au denier dix-huit.

Outre les billets de monnoie, ceux des Fermiers-Généraux & ceux des Receveurs-Généraux, l'Etat étoit encore chargé des billets des Trésoriers de tous les départemens. Il falloit entrer en paiement, ou se résoudre à manquer aux engagemens. Les ennemis étoient sur la frontiere. Les revenus des années suivantes étoient mangés d'avance. M. de Chamillart se retire du ministere. Auparavant, il avoit rétabli la caisse de Sceaux & de Poissy, assujéti les détenteurs du Domaine à l'ensaisinement & au contrôle, & créé des Commissaires-Conservateurs, & des Contrôleurs des décrets volontaires.

Sous M. de Chamillart, la Maison militaire du Roi fut augmentée de la dépense des Chevaux-Légers & Mousquetaires, des Gardes Françoises & Suisses, & de la Gendarmerie. La dépense du Roi & de la Reine d'Angleterre fut aussi un surcroit de 600,000 livres par an. Après avoir été dans une agitation continuelle, la valeur de l'argent étoit de 34 l. 10 ſ. 7 d. & celle de l'or de 523 l. 19 ſ. 6 d.

A la fin du miniſtere de M. de Chamillart, au 20 Février 1708, les dettes non-conſtituées étoient de . . . . 482,844,661 l.
Les ordonnances pour l'année de. 202,788,354

Total. . . . . . 685,633,015 l.

Et pour entrer en paiement de cette ſomme immenſe, que reſtoit-t-il en fonds libres ? 20,388,138 livres, pas plus. Tous les fonds de l'année étoient délégués, à l'exception de cette ſomme.

1708.

L'avénement d'un neveu de M. Colbert au miniſtere inſpira beaucoup de confiance. M. Deſmarets connut l'avantage de ſa poſition, & il ſut en profiter en habile homme. Telle étoit d'ailleurs la circonſtance, qu'il n'étoit plus poſſible de parler de nouveaux impôts, & qu'il falloit que le Miniſtre tirât toutes ſes reſſources de ſon propre fonds, & du crédit qu'il ſauroit imprimer à ſa conduite. La même choſe vient de ſe renouveller, elle ſe paſſe ſous nos yeux.

Perſuadé que le ſeul moyen de diſſiper la ſupériorité uſuraire de l'eſpece ſur le papier & de faire ſortir l'eſpece, étoit de faire voir beaucoup d'argent dans une ſeule caiſſe, M. Deſmarets rendit le Tréſor-Royal le centre de la finance. Tous les fonds de l'année 1708 y furent portés, & les aſſignations faites ſur les fonds de cette année furent rejettées ſur ceux de l'année 1709. On annonça auſſi-tôt qu'on alloit diminuer les eſpeces, & les porteurs d'aſſignations s'empreſſerent de les rapporter, pour éviter les diminutions qu'ils auroient ſouffertes, ſi on avoit pu les acquitter.

Pour augmenter le crédit, & faciliter les emprunts, on annulla l'Arrêt de 1707, qui défendoit de ſtipuler & de faire les paiemens autrement que trois quarts en eſpeces, & un quart en billets de monnoie; on rendit la liberté des conventions entre le prêteur & l'emprunteur.

On employa enſuite les reſſources accoutumées; création de rentes, augmentation de gages, affaires extraordinaires par traités. Avec ces expédiens, on ſoutint les dépenſes de la campagne, qui fut très-malheureuſe. La bataille d'Oudenarde & la perte de Lille firent retomber les affaires dans une nouvelle confuſion. On permit de convertir les billets des Fermiers & des Receveurs-Généraux en rentes au denier dix-huit, & d'autres au denier ſeize.

1709.

Diminution successive des especes. Comme chaque refonte avoit été précédée d'une diminution pour augmenter le prétendu bénéfice, le public s'y étoit tellement accoutumé, que l'argent n'en fut que plus resserré. Personne ne vouloit prêter, de peur de recevoir des monnoies foibles. On attendoit les événemens, & l'argent ne faisoit aucunes fonctions dans le commerce. On gardoit les denrées qui pouvoient se conserver. De toute maniere les communications étoient interceptées.

Cependant on annonça que les assignations, tirées par avance sur les revenus de l'année, seroient acquittées; & ce réglement produisit le meilleur effet. Les porteurs d'assignations voyant leurs paiemens assurés, prêterent de nouveau aux Trésoriers, munitionnaires & autres.

La rigueur de l'hiver, & la disette des grains vinrent altérer ces heureuses dispositions, & firent resserrer l'argent plus que jamais. Il fallut recourir aux expédiens; mais la ressource en étoit si usée.

Par un bonheur inespéré, les vaisseaux qui avoient été dans la mer du Sud, revinrent avec des matieres d'or & d'argent pour plus de 30 millions. Ils porterent le tout à l'Hôtel des Monnoies, où ils reçurent moitie en argent, moitié en assignations, avec intérêt à dix pour cent. On profita de la circonstance pour faire une refonte générale. L'enthousiasme s'y joignit; sans coaction, on porta son argenterie à la Monnoie. On recevoit cinq sixiemes en especes, & un sixieme en billets. La perte étoit trop grande, partie des especes passa chez l'étranger, partie fut cachée. Cependant la refonte procura l'extinction de 43 millions en billets de monnoie, & rétablit un peu la circulation.

Par cette opération, & par des traités extraordinaires, & par des anticipations jusqu'en 1717, on parvint à faire les fonds de l'année, montant à 221,110,547 liv. On fit sur les Provinces une imposition de 557 mille 9 cents sacs de bleds, qui furent voiturés à grands frais dans les dépôts nécessaires pour les armées. La dépense pour les vivres excéda 45 millions. On fit aussi divers traités avec l'étranger, dont on tira des bleds pour l'approvisionnement de Paris & de plusieurs Provinces, qui en manquoient.

La Caisse des emprunts ne paye plus ni capitaux, ni intérêts. *Voyez* 1705.

1710.

La guerre avec autant de vivacité que de malheur. Bataille de Malplaquet. Les Receveurs Généraux des Finances donnerent alors une preuve de bonne volonté : ils offrirent de se charger d'une régie d'affaires extraordinaires, ſans aucune remiſe & ſans autre intérêt que celui des avances qu'ils feroient. Ils établirent une caiſſe dont le crédit remplaça celui de la caiſſe des emprunts. Le public y prit confiance, parce que, rebuté des Traitans, il vit avec plaiſir que les recouvremens ſeroient faits ſans frais & ſans profit. Cette caiſſe a ſoutenu l'Etat juſqu'en Avril 1715.

Les paiemens des rentes à l'Hôtel-de-Ville étoient ſuſpendus. On ne payoit que ſix mois dans une année. On craignoit quelque ſoulévement fâcheux des rentiers ; mais le nombre n'en étoit pas ſi conſidérable qu'à préſent, & le public inſtruit qu'on employoit au paiement des rentes tout l'argent des Fermes générales ; que même on puniſſoit les Commis qui retenoient les deniers en Provinces, ſouffrit avec aſſez de patience, & ſe prêta aux beſoins de l'Etat. On ouvrit même de nouvelles rentes, & elles furent achetées.

14 Octobre. Origine du dixieme. Sa levée fut un remede extrême & violent. Louis XIV ne doutoit pas qu'elle n'excédât ſon pouvoir. Ce fut un Jéſuite qui leva ſes ſcrupules. Nos ennemis en regardoient l'établiſſement comme impoſſible, & ſa réuſſite fut un des principaux motifs qui les déterminerent à la paix.

Les Fermes générales étoient en régie ; personne n'osoit s'en charger à prix fixe.

1713.

Paix d'Utrecht. On commence à débrouiller le chaos. On cesse d'aliéner les domaines : on cherche à liquider la caisse des emprunts : on reconstitue les rentes, mais au denier vingt-cinq, & en joignant les intérêts jusqu'en Janvier 1714 au capital, & en évaluant le capital, eu égard au temps de l'acquisition du contrat.

1715.

Prorogation indéfinie de la capitation. Deux nouveaux sols pour livre des droits des Fermes. Suppression de tous les annoblissemens faits depuis Juin 1689, & de tous priviléges accordés aux offices dont la finance n'excéde pas dix mille livres. Suppression de quantité de charges : suppression de la Caisse des emprunts, le restant de ses billets étant converti en rentes au denier vingt-cinq. Visa de tous billets & de toutes assignations. Mort de Louis XIV. — . . .

. . . . « Jamais Roi dans la France
» N'accoutuma son peuple à tant d'obéissance ».

Henriade.

A sa mort, les revenus étoient de 165 à 166 millions ; ils n'étoient que de 128, en 1699. Les charges étoient de plus de cent millions.

Les Fermes générales ne produisoient que 47, & étoient chargées de 51. Les impositions personnelles avoient nui aux impôts sur les consommations. C'est l'effet nécessaire. Il ne restoit de libre que 65 à 66 millions, & le projet de dépenses de l'année 1715 étoit de 147 millions. Déficit annuel, 81 millions. En un mot, à la mort de Louis XIV, la Nation étoit endettée de 2,066,138,000 livres à 30 liv. 10 sols 10 deniers le marc. Le peuple écrasé par des guerres continuelles depuis 1666, à quelques intervalles près ; les campagnes désertes ; le commerce anéanti ; la confiance perdue ; un nombre infini de familles réduites à la pauvreté, avec des titres de propriétés immenses ; pas de possibilité à mettre le moindre impôt ; pas un sol. François I avoit du moins laissé quelques millions.

Le malheur avoit humanisé Louis XIV. Il voyoit la misere autour de lui ; elle l'assiégeoit jusques dans son Palais. Dans le superbe sallon de Marly, on s'occupoit à goûter des pains d'orge, d'avoine & d'autres grenailles, à les comparer, pour savoir lesquels étoient plus propres, non à nourrir, mais à tromper la faim du peuple écrasé. *Louis XIV & sa Cour, tom.* 3, *page* 249.

LOUIS XV. 1715--1774.

LE Duc d'Orléans, Régent. Formation de différens Conseils pour la direction de toutes les affaires. M. Desmarets remercié : le Contrôle général exercé par deux Gardes des registres, sous la direction de M. Rouillé du Coudrai.

Au premier conseil des Finances, il fut exposé que les assignations échues & arriérées se montoient à . . . . . . 369,111,593 liv.

Que les billets & toutes les dettes exigibles étoient incalculables ; mais on les estimoit 374,020,850

Que les dépenses de l'année étoient de 146,824,181

Total . . . . 889,956,624.

Pour entrer en paiement, tout l'argent comptant consistoit en 7 à 800,000 liv., étant à la caisse des Fermes Générales, & les revenus étoient mangés d'avance & pour plusieurs années, du moins en partie.

Quelques Membres du Conseil proposerent de convoquer les Etats-Généraux du royaume.

D'autres eurent la hardiesse & la bassesse de proposer la banqueroute. Leur opinion fut rejetée d'une voix unanime. Des auteurs ont beaucoup exalté cette résolution de maintenir la foi publique. Qu'a-t-elle de si beau ? la difficulté de l'exécution. Pas d'autre matiere à louange. Voyez 1351, & suivez la série des dettes depuis cette époque. Aucun Roi, même venant collatéralement à la Couronne, n'a pas seulement mis en question s'il étoit tenu des dettes de ses prédécesseurs. Louis XII, François I, Henri IV, n'avoient pas hésité. La dette est celle de l'Etat : à son paiement sont hypothéqués les impôts payés par l'Etat, & appartenans à l'Etat. Les impôts abolis, la dette de l'Etat subsiste par suite du quasi contrat *negotiorum gestorum*. L'Etat doit encore des restitutions à ceux de ses créanciers que des Ministres ont ruinés, & dont ils ont entamé la propriété par des réductions & des suppressions injustes, qu'entre particuliers il qualifieroit de larcin, & le temps n'a pu valider la prescription.

Les Receveurs Généraux se soumirent à fournir chaque mois deux millions d'abord, puis deux millions cinq cents mille livres. On prit des arrangemens pour leurs billets, & on en fractionna les paiemens, ainsi que de ceux de le Gendre qu'ils avoient endossés.

Les Fermes Générales furent rétablies sous le nom de Manis, & les Fermiers s'obligerent de payer d'abord quarante-huit millions, puis quarante-neuf, enfin cinquante; & ils en avancerent quarante sur le produit des deux sols pour livre en sus des droits. On commença à payer les rentes.

Fort belle lettre du Régent pour la répartition des Tailles. Toute imposition par Lettres ministérielles défendue. Suppression de toutes les charges non levées. Interruption de tous Traités non consommés. Suppression des offices les plus onéreux. Grandes réformes économiques dans la Maison du Roi & dans les troupes. Recherche des rentes achetées à vil prix. Vérification de tous les billets de l'Etat, que l'on convertit en une seule nature de billets : les freres *Paris* se distinguent dans cette opération par leur intelligence & leur probité. Nouvelle refonte des monnoies : l'opération répugnoit au Ministere. Le besoin du moment l'emporta.

1716.

Continuation de la suppression des différentes charges, de leurs droits; de leurs priviléges, & de réduction de gages. Etablissement d'une Chambre de Justice, dont on s'étoit promis plus d'effet qu'elle n'en produisit, & qui rendit l'argent très-rare.

2 Mai. Formation de la banque générale. Le fonds en fut fourni, trois quarts en billets de l'Etat, un quart en argent. Tout commerce lui étoit interdit. Escompter les billets & lettres de change ; délivrer ses billets payables à vue & non à termes ; ne pouvoir emprunter à intérêt, sous aucun prétexte ; se charger de toutes les affaires des particuliers, moyennant cinq sols de banque par mille écus ; proportionner la quantité des engagemens aux fonds de la caisse ; tenir ses livres en écus, qui seroient toujours du même titre & du même poids : tels étoient les principes constitutifs de la banque générale. Les Directeurs des Monnoies acquittoient dans les Provinces ceux des billets dont l'endos le portoit, & fournissoient aux demandeurs des billets qui se payoient, dans les principales places de l'Europe, comme une lettre de change, au cours où se trouvoit le change, lors du paiement. On ne délivroit point de billet qu'à profit, & on le diminuoit en faveur du commerce, à mesure que le crédit de la banque augmentoit.

Je répéte encore que je ne fais qu'extraire M. de Forbonnais, d'autant plus que c'est peut-être ici la meilleure partie de son ouvrage.

Dès que les étrangers, dit M. de Forbonnais, purent compter ſur la nature du paiement qu'ils avoient à faire, ils conſommerent nos denrées, valeur en banque. Le change remonta à notre profit : les Négocians trouvant à cinq pour cent l'avance de leurs lettres de change, en effets qui équivaloient à l'argent, recommencerent leurs ſpéculations ; les manufactures travaillerent ; les conſommations reprirent leur cours ; les Propriétaires des eſpeces furent obligés de ſuivre le taux de l'intérêt dont la banque ſe contentoit. L'uſure ceſſa.

Tel étoit le chaos de l'adminiſtration des Receveurs-Généraux, qu'eux-mêmes ne connoiſſoient pas l'état de leur ſituation. L'habileté des freres Paris ſut débrouiller le chaos. Juin, Edit pour la forme & tenue des regiſtres journaux des Receveurs particuliers & généraux des Finances, & de tous Comptables. On s'y prit de telle ſorte que les procès-verbaux de ſituation de toutes les caiſſes, le paraphe des regiſtres, & l'inventaire de toutes les pieces, furent faits, dans tous les pays d'Election, en un ſeul & même jour. Il fut établi une ſeule caiſſe pour les recettes générales. L'ordre fut tellement établi, qu'à Paris le Miniſtre voyoit chaque jour ce qui avoit été reçu & dépenſé tant en eſpeces qu'en effets, & ce qui reſtoit en caisse. Dans les Provinces on vérifioit aussi promptement l'état des Receveurs des Tailles, même celui des Collecteurs.

De jour en jour la police intérieure se rétablissoit; le crédit renaissoit : l'intérêt des billets de l'Etat fut acquitté pour les six premiers mois. La situation des peuples ne permettant pas d'espérer des améliorations dans les revenus, ce fut sur les états de dépense que l'économie s'exerça. Le projet des revenus de l'année étoit de . . . . 167,238,179.

Celui des charges, y compris les intérêts des billets de l'Etat, étoit de . . . . 101,659,767.

Restoit net . . . . 65,578,412.

La dépense étoit bornée à 80 ou 81 millions, au lieu de 147, comme elle étoit en 1715. Le déficit n'étoit que de quinze à seize millions.

1717.

Excellent rapport du Duc de Noailles au Conseil des Finances. Il y expose que, si au lieu d'affaires extraordinaires, on avoit eu recours dès 1689 à un impôt tel que le dixieme ou la capitation, mais impôt général & proportionnellement réparti sur les Nobles & sur les riches comme ſur tous autres, les peuples n'auroient pas été ſi foulés, ni l'Etat dans la détreſſe & l'embarras; il inſiſte ſur l'impoſſibilité d'uſer alors de ce moyen, de ſonger à aucun nouvel impôt, & conſéquemment de faire monter la recette; il inſiſte au contraire ſur la néceſſité de faire baiſſer la dépenſe par l'économie & par des réductions dans tous les départemens; enfin il inſiſte ſur la néceſſité d'une plus juſte répartition des impôts alors ſubſiſtans. « Les pauvres, dit-il, payeroient ſans murmu- » re, s'ils ſavoient qu'aucune diſtinction de naiſ- » ſance ou de privilege n'exempte du paiement » de la taxe. On ſeroit plus lié à la Patrie, » lorſque tous les ſujets de l'Etat contribueroient » à ſa défenſe, non pas en raiſon inverſe de » leurs privileges ou de leur naiſſance, mais » par une proportion équitable, dont leurs biens » francs & diſponibles, fermes, terres, maiſons, » contrats, induſtrie même ſeroient la baſe ». Voilà les vrais principes; on aime à les trouver dans le cœur d'un Grand.

Permiſſion aux parties prenantes ſur les Etats du Roi de compenſer, avec ce qui leur eſt dû, ce qu'elles doivent de Tailles, de capitation & de dixieme. En montrant un deſir réel de retirer les billets de l'Etat, ce Réglement en rehauſſa le crédit. Réduction des penſions.

Suppreſſion de 4 ſols pour liv. des droits des fermes. Fin de la Chambre de Juſtice ; alors les Financiers ſe ſacrifierent d'eux-mêmes ; leurs offres furent acceptées comme un ſecours, & non comme une taxe.

Les billets de banque reçus pour argent comptant dans toutes les recettes. Ordre à tous les Receveurs de les acquitter à vue & ſans eſcompte. Le crédit de la banque fut dès lors porté au plus haut période au-dedans & au-dehors. Suppreſſion du dixieme des fonds. Permiſſion de convertir les billets de l'Etat en rentes viageres ou en loterie. Si cette loterie eût ſubſiſté, elle eût procuré l'extinction d'un gros capital.

Août. -- Etabliſſement de la Compagnie d'Occident. Ses fonds devoient être composés de billets de l'Etat, dont la converſion ſeroit faite en rentes au denier 25. Les intérêts de la premiere année devoient ſervir de fonds de commerce à la Compagnie ; les Actionnaires devoient être enſuite payés de leurs rentes tous les trois mois. Le fonds en fut fixé enſuite à 100 millions, produiſant 4 millions de rentes auxquelles le Roi hypothequa deux millions ſur le contrôle, un million ſur le tabac & un million ſur les poſtes. On eſpéroit par-là éteindre pour 100 millions de billets de l'Etat.

Premier essai de la Taille proportionnelle à Lizieux. Dépenses des ponts & chaussées rejettées sur les provinces, & jointes à la Taille.

Malgré la remise de plusieurs droits, les revenus de l'année montoient à 169,427,262 livres; les diminutions, les charges & les intérêts à payer étoient de 96 millions. Restoit net 73 à 74 millions. La dépense étoit réduite à 80. Le déficit n'étoit plus que de 7 millions, mais les dettes exigibles étoient encore de 343.

Les encouragemens donnés à l'agriculture & au commerce commençoient à produire de bons effets; l'économie & l'ordre pouvoient seuls, avec le temps, ramener toute chose. On voulût se hâter, & la précipitation gâta tout.

Etats de Bretagne cassés pour avoir suspendu l'accord du don gratuit jusqu'après l'examen de la situation de la province. Ils furent rétablis l'année suivante.

1718.

Imposition militaire jointe à la Taille. Rétablissement des 4 sols pour livre en sus des droits des fermes. Réunion de la ferme du tabac à la Compagnie d'Occident, qui réunit aussi le privilége de la Compagnie du Senegal. Ses actions en monterent prodigieusement, mais ses opérations étoient contrariées par l'anti-systême, dirigé par MM. Paris, & dont les actions hypothéquées sur le produit des fermes avoient plus de crédit.

A la fin de cette année, la banque générale qui n'avoit produit que de bons effets, devint banque royale, parce que le Roi en acheta les actions. Ici commence le systême de Law, dont il ne prévit pas les suites. Ici commencent aussi les variations continuelles dans les monnoies. Le Parlement voulut s'y opposer d'abord, mais inutilement; l'autorité l'emporta.

Le Garde-des-Sceaux, d'Argenson, prend aussi la principale direction des Finances. Le Duc de Noailles se retire.

Querelle avec l'Espagne. Elle nécessite des préparatifs de guerre, & conséquemment plus de dépenses.

1719.

Les intéressés de la banque générale n'avoient fait des billets qu'à proportion de leurs fonds; dès qu'elle devint banque Royale, on fit des billets bien au-delà des fonds. Peut-être dès-lors l'intention fut-elle d'attirer tout l'argent, en engageant les propriétaires à le convertir en billets de banque. De-là la faveur donnée au papier sur l'espece; de-là ces variations continuelles dans la valeur des monnoies, & les défenses d'en donner en paiement au-delà de modiques sommes. Quand l'argent eut été bien décrié, & les coffres du Roi bien pleins, alors le Roi se seroit acquitté de ses dettes, si déja les titres n'en eussent pas été convertis en billets; il eut offert des intérêts moins forts, ou des remboursemens. Ceux qui eussent preferé les remboursemens auroient reçu de l'argent décrié, qu'ensuite ils auroient volontairement reporté à la caisse pour avoir des billets dont la réputation étoit meilleure, d'autant plus qu'on promettoit de ne point faire participer les billets de la banque aux diminutions qui pourroient survenir sur les especes.

La Compagnie d'Occident, augmentée de celle des Indes, prend le nom de cette derniere, & se charge du bénéfice des monnoies. Ses actions en acquirent beaucoup de valeur. La chaleur des négociations ne permettoit pas de récourir à l'argent; on augmenta le nombre des billets. Tous les effets royaux remonterent au pair. L'enthousiasme fut porté au comble, dès que cette Compagnie réunit les fermes générales, les recettes générales, & qu'elle devint le centre de toutes les opérations de finance & de commerce. Les porteurs d'actions se figurerent tous faire la fortune la plus rapide, chacun se croyoit un Fermier-Général, ou s'imaginoit puiser aux mines qu'on disoit découvertes à la Louisiane. Les provinces prirent part à l'engouement de la capitale. Au mois de Novembre on vendit les plus belles terres pour les échanger contre du papier. Quelques acquéreurs ne payerent que partie comptant, & quelques mois après, les vendeurs rentrerent dans leurs terres faute de payement du surplus, cependant, avec les à comptes reçus, ils avoient acquitté leurs dettes.

Law trembla lui-même à la vue de la hausse des actions de la Compagnie ; il prévit que la baisse seroit soudaine & incalculable. Pour cette fois il prévit juste.

Dès le commencement du mois de Décembre, les plus habiles payerent leurs dettes en actions de la Compagnie ou en billets de banque; car elles étoient dès-lors identifiées. Ceux qui n'avoient pas de dettes acheterent des fonds, des meubles, des bijoux, des effets, des denrées, en un mot ils réaliserent tout ce qu'ils purent. Les étrangers ne furent pas les derniers à prendre ce parti. Chaque jour les actions baissoient.

20 *Décembre.* — Etablissement de la Taille tariffée dans la Saintonge & l'Aunis. — Droits de détail réunis aux autres droits perçus aux entrées de Paris.

1720--1721.

Law nommé Contrôleur-Général le 5 Janvier. Le Chancelier d'Aguesseau rétabli. Le Cardinal

Dubois à la tête des affaires. Le Parlement exilé.

Law met en vain tout en uſage pour ſoutenir la valeur des actions & celle du papier. Sa préſence dans la rue Quinquampoix, ſes ménaces, ſes prieres, ſes petits écrits répandus dans le public, (à autre occaſion, nous en avons vu de nos jours). La ſévérité des Réglemens contre ceux qui gardoient des eſpeces chez eux, des diminutions continuelles dans la valeur des monnoies, l'annonce de plus fortes encore, rien ne put réuſſir. Ces reſſources ſi cruelles, ces moyens ſi petits & ſi violens produiſoient quelques effets momentanés, & les habiles en profitoient pour vendre leurs papiers, & s'en défaire à tout prix.

29 Mai. = Law ceſſe d'être Contrôleur-Général.

3 Juin. — La Compagnie des Indes dépoſe ſon billan.

11 Décembre. — M. le Pelletier de la Houſſaye Contrôleur-Général. C'étoit bien le moment le plus difficile. Il ne reſta en place que le temps ſuffiſant pour ſonder la profondeur de l'abîme que Law avoit creuſé. Il fit faire le viſâ de toutes les dettes de l'Etat, & ce fut le grand-œuvre de MM. Paris. Tous les traités faits avec la Compagnie des Indes furent annulés, on ne lui laiſſa que la partie du tabac. Les fermes furent mises en régie. Les quatre sols pour livre furent rétablis. Droit de nouvel usage réparti sur les communautés, & joint à la Taille. Le privilége de la vente exclusive du tabac fut rétabli. Il avoit été supprimé, le tabac assujéti à des droits d'entrée en 1719.

Peste à Marseille. Ambassadeur de la Porte; sa principale mission étoit l'objet du commerce. Triple alliance entre la France, l'Espagne & l'Angleterre.

1722-1726.

M. Dodun Contrôleur-Général. Le chaos étoit débrouillé. On calculoit la différence de la recette à la dépense. Il fallut augmenter la premiere. Aussi le ministere de M. Dodun est-il célebre par le rétablissement de quantité de droits, tels que les droits rétablis aux entrées de Paris, les droits manuels sur les sels, les droits réservés des Greffes, les droits de courtiers-jaugeurs, d'inspecteurs aux boissons & aux boucheries, le rétablissement des offices municipaux, la création de maitrises, des surencheres sur les Domaines, des constitutions de toute sortes de rentes.

Compagnie d'Ostende. Défenses aux François d'y prendre intérêt.

Majorité du Roi. 1723. Lit-de Justice. Don gratuit du Clergé de 8 millions. Commission pour examiner les malverſations commiſes dans le département de la guerre ; autre pour la recherche des abus commis dans le viſa. Mort du Cardinal Dubois. Taxe du joyeux avenement. Les traitans n'en payerent que 23 millions, en retirerent 41, & firent durer leur perception pendant tout le regne de Louis XV.

Les fermes miſes en régie ſous le nom de Cordier, régie qui a duré juſqu'au premier Octobre 1726.

Depuis la mort du Régent, le Duc de Bourbon étoit premier Miniſtre.

Edit contre les Proteſtans, dont la ſévérité eſt adoucie ſur les plaintes des Hollandois. 1724. Autre concernant les mendians. Rétabliſſement du prêt & de l'annuel. Tentative pour mettre le café en vente excluſive, comme le tabac. Etabliſſement du cinquantieme en nature, & cela dans une année de diſette. 1725. Diſette qui cauſe des émeutes en pluſieurs endroits.

Renvoi de l'Infante d'Eſpagne ; rupture entre les deux Cours.

La derniere opération du Miniſtere de M. Dodun fut la meilleure. La valeur des eſpeces d'or & d'argent fut définitivement fixée, 1726, & n'a pas varié depuis, excepté de nos jours, le poids de la monnoie d'or ayant été diminué, la valeur reſtant la même.

1726-1730.

Juin. — M. le Pelletier-des-Forts Contrôleur-Général. Le Duc de Bourbon se retire; le Cardinal de Fleury eut dès lors la principale direction de toutes les affaires. Conversion en argent du cinquantieme en nature, supprimé en 1727. Division des Secrétaires du Roi en six Colléges suivant les époques de leur création. Leur nombre fixé à 300. Leur Noblesse remonte à Loüis XI en 1482.

Augmentation des Tailles pour le rétablissement des étapes, & pour la solde des habillemens de milice. Rétablissement des fermes-générales & des sous-fermes. Prix de bail 80 millions. Alors commence le regne de la Finance, que le Cardinal de Fleury ne cessa de protéger. Réduction des rentes viageres; l'opération fit trop crier; le Ministre fut obligé de revenir sur ses pas, mais la haine lui en resta. — Réconciliation des Cours d'Espagne & de France. 1727.

1730-1745.

M. Orry Contrôleur-Général. C'est de tous les Contrôleurs-Généraux celui qui, depuis Colbert, est resté le plus long-temps en place. Comme lui, il eut des guerres à soutenir, & vit réunir une belle province à la France, la Lorraine & le Barrois. Il réglémenta les droits joints au

Domaine, & ses Réglemens sont devenus une mine féconde qui se bonifie en se creusant. Il établit le dixieme en 1734, le supprima en 1738, & le rétablit en 1741. Les produits des fermes augmentoient à chaque renouvellement de bail, les recettes générales se bonifioient; avec le temps les choses prenoient plus de consistance, & les peuples, quoique foulés, jouirent du meilleur temps que nous ayons eu dans ce siecle. Des emprunts de toute espece réparoient le vuide que les impôts ne pouvoient fournir. Ses successeurs n'ont que trop suivi cette fâcheuse méthode de substituer le crédit aux impôts, & de vivre au jour le jour, méthode si opposée aux principes de Colbert, & par cette raison nous pouvons fixer ici une huitieme époque des Finances, époque qui se continue jusqu'à nos jours. *Voyez* les sept premieres, *pages* 53, 77, 81, 95.

On peut encore fixer à cette époque l'origine des loteries, dont cependant le bénéfice ne tourne directement au profit de l'Etat que récemment. M. Necker est le premier qui ait eu à le porter dans son compte de 1781.

L'origine des corvées, devenues depuis imposition personnelle, date aussi de ce ministere.

Edit des donations 1731. Ordonnance des testamens, & Déclaration sur les registres qui constatent l'état des perſonnes 1736. Ordonnance du faux 1737. Traité de commerce avec la Hollande 1739. Grand hiver & diſette 1740. Guerre d'Allemagne. Mort du Cardinal de Fleury 1743. Il laiſſa périr notre marine, & donna la vogue aux Lettres-de-Cachet. Maladie du Roi à Metz 1744. Ce fut alors qu'il eut le titre de Louis *le bien aimé.* Bataille de Fontenoy 1745.

1745-1754.

M. de Machault Contrôleur-Général. Il eut conſtamment quatre armées à entretenir. L'établiſſement des deux ſols pour liv. du dixieme, & des quatre ſols pour livre de la capitation, date de ſon miniſtere. Il fit éclore les droits devenus depuis plus importans, ſur la poudre à poudrer, ſur les papiers & cartons, ſur les ſuifs & ſur les cartes.

Bataille de Rocoux, la Provence évacuée. Bataille de Lawſelt; priſe de Berg-op-zoom; priſe de Madras; notre marine entiérement ruinée. Ordonnance des ſubſtitutions. 1747. Paix d'Aix-la-Chapelle. 1748. Suppreſſion du dixieme & établiſſement du vingtieme avec deux ſols pour livre du dixieme, pour ſubvenir au paiement des dettes de la guerre. 1749. Fort bonne loi ſur les acquiſitions des gens de main-morte. Cette loi, dit M. le Troſne, vaut mieux que le recueil in-folio des Réglemens ſur les amortiſſemens. Tentative pour aſſujétir le Clergé au vingtieme. Création d'une Nobleſſe militaire. Etabliſſement de l'école militaire. Conſtitution du droit ſur les cartes. 1751. Formation de la Compagnie Angloiſe en rivalité de la nôtre aux Indes. 1752. Exil du Parlement. Commiſſion créée par *interim.* Guerre entre les deux Compagnies des Indes ; la nôtre étoit alors au comble de la proſpérité. 1753. Rétabliſſement du Parlement. Commencement des hoſtilités de l'Angleterre. 1754.

1754-1756.

24 Juillet 1754. M. de Sechelles Contrôleur-Général. Une diviſion inteſtine entre le Sacerdoce & les Tribunaux ; un épuiſement total des Finances ; deux cent cinquante vaiſſeaux marchands & plus de quatre mille matelots pris par les Anglois avant aucune déclaration de guere ; avec cela, M. de Sechelles ne crut pas pouvoir établir de nouveaux impôts, & n'eut recours qu'à des emprunts & à une taxe ſur les Secrétaires du Roi. Sa principale opération fut la ſuppreſſion des ſous-Fermiers. Le bail des Fermes fut augmenté de 7 millions. Les Fermiers-Généraux bornés à ſoixante avancerent 60 millions.

1756-

1756-1757.

13 Avril 1756. M. de Moras Contrôleur-Général.

Succès multipliés & rapides. Prise de Mahon. Les Anglois chassés de tous leurs établissemens dans le Bengale, & repoussés dans le Canada jusqu'au centre de leurs Colonies.

21 Août. Second vingtieme. Prorogation des deux sols pour livre du dixieme, & des droits aux entrées de Paris. Les Parlemens firent des difficultés ; ils se liguerent ; le Roi y mit de la vigueur ; cent quatre-vingts membres du Parlement de Paris donnerent leurs démissions. Les dissensions civiles vinrent se joindre aux guerres étrangeres.

Procès de l'infernal Damiens. 1757. Conciliation faite avec le Parlement. Commencement de nos revers dans les deux Continens.

Continuation des emprunts, entr'autres création d'annuités pour 40 millions.

1757-1759.

25 Août 1757. M. de Boulogne Contrôleur-Général. Création de 6 millions de rentes viageres à dix pour cent à tout âge. 1757. Création de nouvelles charges des payeurs & Contrôleurs des rentes. Création de nouvelles rentes qu'on pouvoit acquérir moitié en anciennes rentes, moitié en argent, remboursables en

M

30 années par forme de loterie. Augmentation du cinquieme du prix du tabac. Le produit en diminua. Suite de nos disgraces. 1758. Dons gratuits des villes devenus depuis droits réservés. Janvier 1759. Beaucoup d'emprunts. Droits joints au domaine aliénés aux Etats de Bretagne.

Les revenus ordinaires consistoient alors dans les objets suivans :

Domaines	6,000,000 liv.
Tailles & capitations, & retenues sur les pensions . . .	93,400,000
Le Clergé	12,200,000
Le pays d'Etat	10,000,000
Les droits sur les offices . .	2,400,000
Les régales	1,200,000
Revenus des monnoies . . .	2,200,000
Et les fermes générales . .	108,600,000
Total	236,000,000

Les dépenses ordinaires consistoient dans les objets suivans :

Dépenses militaires pour le service de terre	84,000,000
Marine	25,000,000
Affaires étrangeres	18,000,000
Maisons Royales	28,600,000
	155,600,000

De l'autre part . . .	155,600,000
Pensions	11,300,000
Administration & frais de justice	5,300,000
Gages des Officiers de Finances	10,000,000
Ouvrages publics	4,000,000
Dépenses diverses	5,460,000
Rentes & intérêts	45,420,000
Total	237,080,000

Il y avoit en outre des revenus aliénés pour un temps limité, d'autres l'étoient à perpétuité.

Les revenus aliénés pour un temps limité montoient à 37,100,000

Savoir les vingtiemes	21,000,000
La ferme des postes	6,000,000
Celle des cuirs	2,500,000
Celle des poudres & salpêtres	1,800,000
Les seconds deux sols pour livre de la capitation & des vingtiemes	5,800,000
Total	37,100,000

Les revenus Royaux aliénés à perpétuité consistoient dans les premiers 2 sols de la capitation & des vingtiemes 5,800,000

De l'autre part	5,800,000
Revenus de l'Hôtel des Invalides	3,200,000
Revenus de la maison de Saint-Cyr	2,600,000
Revenus de l'école militaire .	1,500,000
Taxe pour l'équipement des troupes de milice	3,800,000
Péages Royaux	400,000
Taxe pour l'entretien des fontaines de Paris, Versailles, Fontainebleau, &c. . . .	1,200,000
Octrois des villes employés au service des villes	9,000,000
Revenus de la police . . .	6,000,000
Taxe sur les bois & charbons dans Paris	3,000,000
Taxe aux entrées de Paris sur certaines denrées	2,000,000
Droits de Greffe, & épices des Cours souveraines & Royales à elles abandonnées pour tenir lieu de leurs gages .	27,000,000
Total	65,500,000

1759.

M. de Silhouette Contrôleur-Général. Il ne

fut en place que 7 mois 17 jours, depuis le 4 Mars jusqu'au 21 Novembre.

Ses premieres opérations firent bénir son ministere. Il créa 72 mille actions des fermes, auxquelles fut attribuée la moitié du bénéfice des fermes générales, ce qui valut 72 millions en 24 heures sans aucune surcharge pour l'Etat. Il réduisit les priviléges en fait de Tailles, & réduisit les pensions. Ensuite il augmenta le tarif de la poste aux lettres, qui n'avoit pas varié depuis 1703 ; il forma le droit sur les cuirs & peaux, droit contre lequel les Tanneurs ne cessent de former tant de justes réclamations. Il proposa l'Edit de subvention qui fut registré en lit-de-justice le 22 Septembre, & dont les Cours empêcherent l'exécution ; il suspendit le paiement des billets des fermes, des rescriptions & des remboursemens au Trésor-Royal. Enfin il fit ordonner de porter l'argenterie aux monnoies. Toutes ces opérations déplurent, & M. de Silhouette quitta le ministere. Selon lui le déficit de l'année étoit de plus de 217 millions, mais le manque du service n'excédoit gueres 78 millions. Il ne trouvoit de ressource que dans l'invention de nouveaux impôts, & son idée étoit de les faire porter principalement sur les riches & sur les objets de luxe. Son successeur s'y conforma en partie.

Les événemens de la guerre plus malheureux que jamais. Perte de Quebec & de la Guadeloupe; bataille de Minden.

1759. -- 1763.

M. Bertin, Contrôleur-Général.

1760. Révocation des Edits de Subvention. Etabliſſement d'un troiſieme vingtieme, d'un doublement de capitation ſur les non-taillables, & d'un triplement ſur les Financiers. Cinquieme ſol pour livre ſur les droits des Fermes. Don gratuit du Clergé pour 16 millions. Suppreſſion de toute différence entre le vin bourgeois & le vin marchand aux entrées de Paris.

Le vin bourgeois doit-il payer aux entrées de Paris autant que le vin marchand? Si le marchand paye plus que le bourgeois, le pauvre, qui n'achete que du marchand, payera plus que le riche; mais le propriétaire, qui déja a payé la dîme, la taille & le vingtieme à raiſon de ſon vin, trouve, avec raiſon, bien dur le paiement de droits d'entrée ſouvent plus chers que le prix de ſa denrée. Ce n'eſt que depuis 1719, que le vin du bourgeois eſt aſſujéti aux droits de détail, comme le vin du marchand.

Ne ſeroit-il pas juſte de proportionner la quotité du droit à la qualité du vin? On oppoſe la difficulté de la perception. Conſtituez donc vos impôts de maniere que la forme ne faſſe pas commettre une injustice au fond. *Voyez* 1369.

1761. Créations de rentes sur l'Ordre du Saint-Esprit, sur la ferme des cuirs & autres objets. Réglement sur le tarif du Limosin. Perte de Pondicheri & du fort de Mahé. Pacte de famille entre les deux branches de la Maison de Bourbon. Ce fut alors seulement qu'il fut vrai de dire : *Il n'y a plus de Pyrénées.*

1762. Affaire des Jésuites. Négociation de paix. La France avoit perdu son numéraire, son crédit, son commerce, sa marine, ses possessions au-dehors. Elle perd encore cette année la Martinique, la Grenade, les Grenadilles, Saint-Vincent & Sainte-Lucie. Les Princes du Sang & plusieurs particuliers envoyerent leur argenterie à la monnoie. Les Provinces, les Villes, les Corps, le Clergé, plusieurs Financiers firent construire des vaisseaux; mais à peine ils paroissoient sur les mers, qu'ils devenoient la proie des ennemis. Nous n'eumes de succès qu'à l'île de Terre-Neuve.

1763. Réglement sur le tarif de Champagne. On le regarde comme le meilleur qui existe.

Traité de paix bien glorieux pour l'Angleterre. On dit que M. de Choiseul prédit dès-lors la révolution de l'Amérique. Il faut, disoit-il, céder tant de terrein aux Anglois, qu'il leur soit imposſible de tout garder. Quoi qu'il en ſoit, l'Angleterre acquit, par le traité de paix, l'eſpérance de rétablir promptement ſes finances par la facilité & la sûreté d'un commerce immenſe dans toutes les parties du monde, où elle conſervoit les plus beaux établiſſemens. Par une raiſon contraire, la France ſe trouvoit privée de toute reſſource.

Projet de cadaſtrer le Royaume. Suppreſſion du troiſieme vingtieme & des doublement & triplement de la capitation. Prorogation des dons gratuits des villes, des deux vingtiemes & acceſſoires. Etabliſſement d'une caiſſe des amortiſſemens. Sixieme ſol pour livre en ſus des droits des Fermes. Procès contre l'Intendant du Canada & ſes Employés. Les lettres-de-change & ordonnances de ce pays réduites à la moitié & au quart de leur valeur, & converties en contrats, qui tomberent auſſi-tôt dans le plus grand diſcrédit.

1763-1768.

12 *Décembre* 1763. M. de Laverdy, Contrôleur-Général. Les revenus ordinaires conſiſtoient dans le produit des Fermes

générales.	124,000,000 l.
Autres fermes ou régies. . . .	20,708,000
	144,708,000 l.

ci-contre.	144,708,000 l.
Revenus casuels & bois. . . .	5,600,000
Les recettes générales.	133.900,590
Autres parties de vingtiemes, de capitation, &c.	6,835,000
les Pays d'Etats.	18,250,593
Total.	309,294,183 l.
Les déductions étoient de . . .	194,055,844 l.
La dépense de	138,800,000
Il avoit été mangé sur l'année 1764.	18,000,000
Total.	350,855,844 l.

Le déficit de l'année 1764 etoit de 41,561,661 l.

Les dettes exigibles excédoient 467 millions.

1764. Exemption de taille accordée à ceux qui dessécheront des marais. Suspension des priviléges des Commensaux & autres Officiers. Suite du projet pour la liquidation des dettes de l'Etat, & le remboursement des rentes. Retarder le paiement, surcharger les rentiers de frais, qui ont absorbé une partie de leurs propriétés, procurer des honoraires aux Commissaires chargés de la liquidation; toutes les loix, à ce sujet, n'ont pas eu d'autre effet. Une autre disposition des loix a été l'assujétissement des rentes à un droit de mutation ; converti depuis en une retenue d'un quinzieme, *pour accélérer la libération des dettes*. Il n'est pas douteux que prendre un quinzieme aux rentiers, est libérer l'Etat d'autant.

Suppression des Jésuites. La Compagnie des Indes cede ses possessions au Roi. On tâche en vain de lui rendre une nouvelle existence. Liberté du commerce des grains. Le systême des économistes commence à prendre faveur.

1765. Liquidation des rentes sur les tailles. Elles avoient été décriées dès l'origine. Administrations municipales rendues aux habitans des villes. Ordonnance sur la composition des milices. Mort de M. le Dauphin.

1766. Affaire de MM. de la Chalotais. Querelles entre la Magistrature & le Ministere. Mort du Roi Stanislas. Réunion définitive de la Lorraine & du Barrois à la Couronne. Commission pour la suppression & réunion des Moines. Réduction de l'exemption de taille d'exploitation. Les Cours protégerent les Exempts plus que le ministere ne le vouloit. Leurs modifications sur la loi nouvelle en auroient presque anéanti l'effet. Elles ne sont pas encore d'accord avec le Conseil sur tous les points de la loi nouvelle. Qu'en résulte-il ? Un plaideur gagne sa cause aux Cours des Aides, &

la perd au Conseil. Exemption accordée au défrichement ; loi excellente, ainsi que celle des desséchemens. Supplice de M. de Lally. A Parme, l'Infant soumet les Ecclésiastiques aux charges publiques pour les biens par eux acquis depuis le cadastre établi en 1561.

1767. Etablissement d'une caisse d'escompte, qui n'a subsisté que jusqu'au 21 Mars 1769. Suppressions de quantité d'Offices, absolument inutiles, mesureurs, peseurs, auneurs, &c. mais les droits en furent réservés au profit du Roi, & la perception en fut confiée à des Régisseurs, qui en tirerent aussi bon parti que les Officiers titulaires. La plupart de ces offices & de leurs droits ont été définitivement supprimés en Avril 1781. Mais quelques anciens propriétaires des offices ont encore le crédit d'en obtenir de nouvelles provisions. *Quod notandum.*

Affaire de Parme & de Rome. Le Roi s'empare d'Avignon.

1768. Permission à toute paroisse d'établir la taille proportionnelle. Quelques cantons en ont profité, & s'en trouvent bien, parce que leur cadastre est leur ouvrage ; ils y ont procédé librement & volontairement. Distinction des deux brevets de la taille, distinction qui a fourni si belle occasion à l'augmentation de la masse de la taille.

Les revenus ordinaires, qui, au commencement du ministere de M. de Laverdy, n'étoient que de 309 millions, se trouvoient à la fin de son ministere, en 1768, de 317. Augmentation de 8. Les déductions, qui avoient été de 194 millions, n'étoient plus que de 164 à 165 ; diminution de 30. La dépense, qui n'avoit été que de 138 à 139, étoit montée à 201 & plus ; différence, 62 millions. Le déficit de l'année étoit de 35 à 36 millions, & les anticipations excédoient 132. Ainsi constamment il avoit fallu recourir à des affaires extraordinaires, qui toujours nécessitoient de nouvelles charges perpétuelles, & préparoient par conséquent de nouveaux impôts. A la vérité, il avoit été fait quelques remboursemens, mais absolument inutiles, & que les rentiers ne demandoient pas.

1768-1769.

1 *Octobre*. M. Maynon d'Invau, Contrôleur-Général. Il ne le fut pas quinze mois.

Chute totale de la Compagnie des Indes. Le sort fâcheux & constamment malheureux de tant de Compagnies dotées de priviléges exclusifs, n'a pas encore éteint toute idée de pareille constitution. Reconstruction de Pondichery. Réunion de la Corse à la France.

M. Maynon d'Invau prorogea plusieurs impôts établis; mais il n'en mit pas de nouveaux. Il n'en fut pas de même de son successeur.

1769-1774.

23 *Décembre* 1769. M. l'Abbé Terray, Contrôleur-Général. Comme Colbert, celui-ci eut le double talent de retrancher sur la dette, & d'ajouter à la recette. On peut juger de la nature de ses principes par cette phrase de son compte rendu au Roi en 1770 : *Les opérations sur la dette dépendent de la volonté seule du Roi. Voyez* 1715, *page* 159.

D'ailleurs, les deux premieres années de son ministere en sont l'époque la plus brillante. A peine il avoit eu le temps d'étudier sa matiere & de reconnoître l'insuffisance des revenus de l'Etat, que, pour ne pas manquer à l'avenir, il prit les devants, & d'avance il se prépara les plus grandes ressources.

L'année 1770 nous offre la conversion des tontines en simples rentes viageres ; la réduction des intérêts de plusieurs dettes de l'Etat ; des emprunts, plus de forcés que de volontaires ; des suspensions de paiement ; le tiercement des droits de marc d'or ; la prorogation de quelques impôts ; la bonification de quelques autres. Ces ressources étoient insuffisantes. La plus grande union régnoit entre tous les membres du ministere. En habile homme,

M. l'Abbe Terray sut profiter de tous ses avantages ; mais aussi-tôt, & sans perdre un seul instant. On peut en juger, en jettant les yeux sur les principaux faits de l'année 1771.

Ce fut à la fin de Janvier que le Grand-Conseil fut commis pour exercer les fonctions du Parlement.

Février. Cinq Edits. 1° Révocation de toutes survivances & hérédités des offices. Tous sont assujétis à la casualité & aux droits qui en sont la suite, à raison de l'évaluation forcée qui dut en être faite. 2°. Suppression des Jurés-Priseurs-Vendeurs de meubles, & leur rétablissement, moyennant plus forte finance, avec attribution de droits & de salaires plus considérables ; les droits mis ensuite en régie. 3°. Suppression & rétablissement des Courtiers, Agens-de-change de Lyon, avec plus forte finance. 4° Création de nouvelles charges de Perruquiers à Paris, exemptes des droits de réception, moyennant finance au Roi de 2400 liv. 5°. Formation du droit sur l'amidon & la poudre à poudrer.

1 *Mars.* Belle réforme des droits sur les papiers & cartons. Il faut que la fraude sur ce droit & le précédent soit bonne & facile ; car jamais les papetiers & les amidonniers ne furent plus multipliés que depuis la formation

des droits. C'est bien le contraire des droits sur les cuirs.

24 *Mars.* Défenses de faire entrer du poiré dans Paris, sous prétexte que cette liqueur est susceptible de mixtions nuisibles à la santé.

7 *Avril.* Retenues graduelles, outre celle du dixieme ordonnée en 1770, étendues à toutes pensions & gratifications, tant ordinaires qu'extraordinaires; n'importe à quelle caisse elles se payent.

Avril. Edit qui confirme la noblesse de tous les anoblis depuis 1715; mais en payant bonne finance.

Mai. Révocation de l'exemption des droits seigneuriaux accordée précédemment dans les directes & mouvances du Roi.

1 *Juin.* Révocation de l'exemption des droits de contrôle & de formule accordée à certains actes. Révocation de tous les abonnemens des droits de franc-fief. Rentrée du Roi dans la possession des droits manuels sur les sels, & de tous droits d'aides, de traites, de domaines, de greffes & autres engagés, aliénés & rachetés par les Provinces, Villes & Communautés.

9 *Juin.* Rentrée dans les droits domaniaux rachetés par les Etats de Bretagne. Le Roi se charge des rentes, à raison de quatre pour cent.

15 *Juin.* Retenue d'un quinzieme ſur les reutes perpétuelles, & d'un dixieme ſur les rentes viageres.

Juin. Edit portant création des conſervateurs & droits des hypotheques. C'eſt le ſeul article qui mérite des éloges; mais quantité d'ouvrages, parus récemment, démontrent l'inſuffiſance de la loi, & la néceſſité d'une légiſlation plus complete.

7. *Juillet.* Principauté d'Orange aſſujétie à tous les droits qui ont lieu dans le Dauphiné.

3 *Août.* Invention du peſe-liqueurs pour les eaux-de-vie & eſprit-de-vin.

11 *Août.* Annullation des titres des créanciers de l'Etat, qui ne les ont pas rapportés pour avoir titre-nouvel.

19 *Août.* Obligation de racheter les boues & lanternes, impoſée aux nouveaux bâtimens dans Paris.

30 *Septembre.* Finance exigée des Secrétaires du Roi.

Novembre. Deux Edits. 1°. Etabliſſement du ſeptieme & du huitieme ſol pour liv. en ſus de tous les droits des Fermes, même ſur les objets & droits qui en avoient été exemptés juſqu'alors. Prorogation indéfinie du premier vingtieme, ainſi que des acceſſoires, & du ſecond vingtieme à temps. Doublement des droits de domaine

&

& barrage. Prorogation du prix du sel en Franche-Comté. Prorogation indéfinie de plusieurs droits joints aux aides. 2°. Rétablissement des offices municipaux, tant de fois supprimés.

En 1773. M. l'Abbé Terray se flattoit d'avoir cinq millions d'excédant en recette sur la dépense.

Son compte de cette année présente 348 à 349 millions de revenus, 143 à 144 millions de déductions, un net de 205 millions. La dépense n'étoit pas pas tout-à-fait de 200.

Cependant, la taille, la capitation & les vingtiemes prenoient des accroissemens journaliers. Le tarif de la généralité de Paris se perfectionnoit; & telle étoit sa combinaison, que les impositions excédoient le montant du brevet & des commissions. Ce n'est pas sans doute à cet égard que M. Necker a entendu en faire éloge, dans le Compte de 1781.

1774, *Mai.* Mort de Louis XV.

LOUIS XVI. 1774.

M. l'Abbé Terrai rendit compte à Louis XVI de l'état des Finances. Elles n'étoient plus ce qu'elles avoient été en 1772. La dépense de tous les Départemens étoit augmentée ; & son génie si fertile en inventions, se trouvoit au dépourvu. « Je ne puis, disoit-» il, ajouter à la recette que j'ai augmentée » de plus de soixante millions : je ne puis » plus retrancher à la dette que j'ai réduite de » près de vingt millions. Ce n'est donc que par » la diminution des dépenses, qu'on pourra » joindre le premier & le dernier jour de » l'année, sans contracter de nouvelles dettes ».

1774-1776.

Avril 1774. M. Turgot, Contrôleur-Général : excellent Citoyen, digne Magistrat.

Remise du droit de joyeux avénement. Rétablissement des Cours. Désignation de ceux des Officiers qui ne sont pas sujets au droit de centieme denier. Rétablissement du régime usité aux dépôts de sel en pays redimés, interverti en 1773. Liberté du commerce intérieur des grains.

1775. Emeutes à l'occasion de la cherté des bleds. Baux de campagne facilités par l'exemption de quelques droits. Abolition de la contrainte solidaire en fait de Taille. On auroit pu l'étendre aussi-tôt au fait des Gabelles. Diminution des droits aux entrées de Paris sur la marée séche & fraiche. Le produit en diminua très-peu. Abonnement du pays de Gex pour les Traites, les Gabelles, & le tabac : petit exemple qu'on pourroit étendre.

1776. Suppression définitive des Offices sur les ports, quais, halles & marchés de Paris, les droits en étant réservés au profit du Roi. Suppression de la caisse de Sceaux & de Poissy. Suppression de toutes les maitrises & jurandes. La réforme ne se fera point, tant que l'on ne consultera que les intéressés. L'intérêt n'existe pas que du côté des Corps & Communautés ; le Gouvernement y a sa bonne part. Il est encore une autre classe d'intéressés au désordre, c'est-à-dire, aux réceptions & aux contestations entre les Corps. Suppression de la corvée : c'est la premiere loi sur cet objet. Jamais la corvée n'avoit été ordonnée ni réglée par aucun Edit. Tout se passoit en vertu des ordres des Intendans. Révolution de l'Amérique.

Avant de passer au Ministere suivant, comparons l'état des revenus & des dépenses de l'Etat en 1775 & en 1789 ; d'autant plus que le résultat donnera la démonstration d'une vérité dont on doute.

COMPARAISON DES REVENUS EN (1).	1775 (2).	1789 (3).
Fermes générales, Régie des Aides & Domaines (4).	185,014,270	250,327,000
Postes & Messageries.	7,700,000	13,100,000
Caisse de Sceaux & de Poissy. . .	600,000	630,000
Affinages.	. . . . .	120,000
Port Louis.	32,000	47,000
Flandre maritime.	650,000	823,000
Loteries.	. . . . .	14,000,000
Revenus casuels & marc d'or (5).	5,400,000	4,500,000
Poudres & salpêtres.	. . . . .	800,000
Recettes générales, Capitation, Vingtiemes abonnés, retenues au Trésor Royal & Fortifications des villes (6).	150,891,652	163,095,000
Monnoies, Forges Royales, Caisse du Commerce, maisons & terreins des Quinze-Vingts, intérêts de sommes prêtées.	. . . . .	3,296,000
Pays d'Etats.	23,899,715	24,556,000
Don gratuit du Clergé.	3,000,000	. . . .
TOTAUX. . . .	377,287,637	475,294,000
Ci (7).		377,287,637
Les revennus de 1789 excedent ceux de 1775 de. . .		98,006,363

(1) Nous comparons, autant que nous le pouvons, les objets analogues.

(2) Voyez la Collection de Comptes, imprimée en 1788, pag. 164.

(3) Voyez le tableau joint au Discours, lors de l'ouverture des Etats-Généraux.

(4) Ces trois objets de 1789 étoient épars en 1774. Il faut réunir au compte de 1775 les articles qui y sont numérotés 1, 2, 3, 4 5, 6, 10, 11, 13, 15, 16, 17 & 23.

(5) Articles 18 & 26 du compte de 1775.

(6) Articles 7, 19, 20, 21, 22, 24, 27, 28 & 29 du compte de 1775.

(7) Nous avons préféré le compte de 1775, pag. 164 de la Collection à celui qui suit pag. 166, parce que le premier présente plus d'identité, sur-tout entre les objets de dépense en 1775 & en 1789 ; d'ailleurs la différence entre l'un & l'autre est peu importante.

COMPARAISON DES DÉPENSES EN	1775.	1789.
Maisons civiles du Roi & des Princes.	34,470,910	
Maison militaire du Roi.	8,023,000	
Maison du Roi, de la Reine, des Enfans de France, &c.	. . . . . .	25,000,000
Maisons des Princes.	. . . . . .	8,240,000
Affaires étrangeres & Ligues Suisses .	11,800,130	7,480,000
Extraordinaire des guerres. . . .	63,400,000	
Ordinaire des guerres.	10,020,516	
Artillerie & Génie.	10,200,000	
Maréchaussées.	2,626,325	
Marine & Colonies.	33,191,955	40,900,000
Ponts & Chaussées. . .	5,486,000	5,680,000
Rentes perpétuelles & viageres.	93,365,773	162,486,000
Charges des Etats du Roi, aumônes, gages, taxations.	12,343,339	
Charges des bois.	1,992,466	
Intérêts des fonds d'avance, droits de présence & autres intérêts. . . .	25,906,729	
Frais de Régie & administration à la charge du Roi.	15,850,408	
Dépenses de la main-morte. . . .	613,470	
Prisonniers des Châteaux.	170,420	
Dépenses diverses.	11,351,321	
Haras.	. . . . . .	8[illegible]4,000
Gages de charges représentans l'intérêt de la finance.	. . . . . .	14,691,000
Indemnités à différens titres. . . .	. . . . . .	3,235,000
Police de la ville de Paris, Guet & Garde de cette ville, pavé, Maréchaussée de l'Isle de France & travaux des Carrieres.	. . . . . .	3,985,000
Traitemens & frais de recouvrement aux Fermiers, &c.	. . . . . .	20,094,000
Trésor Royal, payeurs des Rentes, &c.	. . . . . .	3,753,000
Bureaux de l'administration générale.	. . . . . .	2,048,000
Actes de bienfaisanse sur la Loterie,	. . . . . .	172,000
Secours à des Hollandois. . . .		830,000
Maisons religieuses & édifices sacrés.		2,188,000
Dons, aumônes, hôpitaux, enfans-trouvés.	. . . . . .	3,038,000
Travaux de charité, vagabonds & mendians.	. . . . . .	3,040,000

Si l'identité de tous les objets étoit aussi parfaite, leur rapprochement offriroit plus de justesse dans la comparaison. Les Etats-Généraux auront des détails parfaits.

DÉPENSES EN	1775.	1789.
Primes & encouragemens pour le commerce.	. . . . .	3,864,000
Département des mines.	. . . . .	90,000
Jardin Royal & Cabinet d'Hiſtoire Naturelle.	. . . . .	130,000
Bibliotheque du Roi.	. . . . .	167,000
Univerſités, Académies, Colléges, Sciences & Arts.	. . . . .	930,000
Paſſeports & exemption de droits.	. . . . .	400,000
Entretiens & conſtructions pour la choſe publique.	. . . . .	1,900,000
Dépenſes ſur le produit des bois.	. . . . .	500,000
Procédures criminelles & frais des priſonniers.	. . . . .	3,180,000
Dépenſes variables dans les provinces.	. . . . .	4,500,000
Penſions du département de la guerre payées par le Tréſor Royal	4,512,993	
Gages, penſions & gratifications des gens de juſtice.	12,204 978	
Penſions & traitemens divers.	2,147,587	
Gages du Conſeil.	4,499,462	
Penſions des Princes du Sang.	751,000	
Penſions	. . . . .	29,560,000
Gages du Conſeil & Intendans	. . . . .	4,668,000
Remiſes & indemnités, moins impoſé.	7,283,000	7,120,000
Dépenſes imprévues.	6,000,000	5,000,000
Paiement de l'arriere ſur la dette exigible	15,000,000	
Rembourſement de fonds ſur divers départemens.	20,233,081	
Intérêts d'effets publics & autres créances.	. . . . .	44,300,000
Intérêts & fonds des anticipations.	. . . . .	4,900,000
Intérêts & frais du renouvellement des billets des Fermes. D'autres anticipations ou d'emprunts à faire.	. . . . .	10,900,000
Engagemens à temps envers le Clergé	. . . . .	2,500,000
TOTAUX.	414,445,316	531,444 000
Ci		414,445,163
La dépenſe de 1789 excede celle de 1775 de.		116,998,837

RÉSULTAT.

Il réſulte des tableaux précedens que la dépenſe de 1789 excede celle de 1775 de	116,998,837
Mais la recette de 1789 excede celle de 1775 de.	98,006,363
Deficit relatif de 1789 à 1775.	18,992,474
Mais en 1775 le deficit étoit, *ſelon la Collection, page 164, de.*	37,157,526

Ainſi en 1789 le deficit doit être & eſt de 56,150,000

Quod probandum.

1776.

20 Mai. M. de Clugny, Contrôleur-Général. Etablissement de la Caisse d'Escompte. M. Turgot l'avoit conçue. Six deniers pour livre en sus de la Capitation dans le ressort du Parlement de Paris, pour fournir aux réparations du Palais incendié. La loi ne concerne que le ressort du Parlement : on l'a appliquée au ressort de la Cour des Aides, & à celui du Parlement, parce qu'une partie du ressort de la Cour des Aides n'est pas de celui du Parlement, & *vice versâ*.

Octobre. M. Taboureau des Reaux, Contrôleur-Général. M. Necker presque adjoint.

1777-1781.

M. Necker, Directeur Général. *Voyez* 25 Août 1788.

Il n'étoit pas Ministre alors ; il l'est aujourd'hui. Comment parler de l'homme en place, sans se rendre suspect ou de cabale, ou de parti ? En disant la vérité, en exposant les faits : je n'en suis & n'appete point d'en être connu.

Grande économie : des réformes utiles : beaucoup d'emprunts : point d'impôts *directs* : un ordre, inconnu depuis Colbert. Avec cela, le déficit qui, selon le compte de M. de Clugny, étoit en 1776 de 29,193,582 livres, y compris le remboursement d'un emprunt de quinze millions, & ſelon M. de Calonne, de 37,193,582, non compris ce même emprunt, étoit éclipſé en 1781. La recette ſurpaſſoit même alors la dépenſe, non pas ſeulement de dix, mais de quatorze millions. *Joignez au compte rendu la réponſe à M. de Calonne, & voyez les deux pieces.* Quatre ans avoient ſuffi pour opérer une différence de 53 à 54 millions. Et nous déſeſpérerions de la choſe publique, parce que nous ſommes en arriere de 56!

Pluſieurs bonnes & belles loix.

1777. Suppreſſion des Receveurs-Généraux des domaines & bois.

1778. Traité avec les Etats Unis de l'Amérique. Procédure abrégée en fait de Taille. On aura beau faire des Réglemens; les frais abſorberont toujours le principal, tant qu'on laiſſera ſubſiſter les frais & des formes propres à des juſtices réglées. Une ſurtaxe eſt ordinairement une ſuite de l'organiſation de l'impôt, & c'eſt une ſouveraine injuſtice, que de faire ſupporter à un particulier ou à une paroiſſe, des frais qui ne ſont cauſés que par le vice de la choſe commune. Etabliſſement de la premiere adminiſtration provinciale, dans le Berry.

1779. Collecteurs à gages dans la Généralité de Moulins, & réduits à la ſimple collecte. Bon exemple à étendre généralement, Priviléges des maîtres des postes commués en rétribution pécuniaire dans la même Généralité. Autre bon exemple. Abolition de la servitude & de la main-morte dans les domaines du Roi. Louis XVI a consommé ce que Louis VII avoit commencé, & ce que ses Successeurs avoient continué ; mais il l'a fait plus gratuitement : *Voyez* 1223 & 1315. Ordre de comptabilité au Trésor royal & dans toutes les Caisses.

1780. Un seul brevet & fixation invariable de la Taille & de la Capitation. Cette loi, dont on ne connoît pas assez le mérite, auroit dû être gravée sur le marbre. Plusieurs Rois, ou par nécessité, ou par inclination, ont déchargé leurs Sujets des restes des Tailles, ou en ont diminué le montant, que leurs Successeurs augmentoient ensuite arbitrairement. Louis XVI est le premier qui ait fait le vœu de ne jamais surcharger le peuple, qui de son propre mouvement ait détruit l'axiome si contraire au droit, mais aussi si constamment établi par les faits depuis Charles VII, que *les Taillables le sont à volonté.* Cette loi a eu l'inconvénient de perpétuer des portions d'impôts, qui n'étoient établis qu'à temps. La loi ne concerne pas la Capitation de Paris, & nous le sentons à merveille.

Suppression de quantité de charges dans la maison du Roi. Modération des suites de la caſualité des offices. Suppreſſion des Receveurs Généraux des Finances.

1781. Réglement ſur les domaines réels : loi inutile quoique fort ſage, inutilement répétée en 1788. Pourquoi ? *Voyez les Mémoires concernant les Impoſitions , tom. 5 , pag. 579.* Excellente loi concernant les Hôpitaux : ce fut la derniere de ce Miniſtere.

La vérité exige qu'après avoir indiqué les bonnes , belles & ſages loix , nous en indiquions quelques autres, dont la plupart , il faut en convenir, ſont bien fiſcales. Il faut obſerver auſſi que le Miniſtre ne peut pas parcou ir tous le détails.

1777. Tarif des octrois municipaux : Tarif des droits réſervés. Ces deux droits ſont autant d'additions faites aux droits d'Aides , & en ſont la ſurcharge. Nous ne croyons pas nous éloigner beaucoup de la vérité , en eſtimant leur produit de onze à douze millions , ſans y comprendre Paris. Cette ſomme fait plus du cinquieme de tous les droits confiés à la régie des Aides.

1778. 15 Mai. Réglement ſur les francs-fiefs. Il limite le nombre des perſonnes exemptes. Ce n'eſt pas dans ce ſens qu'on doit le regarder comme fiſcal ; mais il l'eſt en ce que l'être même du droit répugne à la liberté , & détruit la propriété. Telle eſt la nature de ce droit , que celui qui le paie, doit sur vingt années se passer de manger pendant une année entiere, même une année & demie, à cause des 10 sols pour livre. Nous en avons assez dit pour démontrer que ce droit n'est pas même fondé en raisons fiscales. *Voyez* 1275 & 1291.

A côté du droit de franc-fief, il faut mettre ces droits d'échange au profit du Roi : droits qui contrarient l'esprit de tant de coutumes, dont le but étoit de favoriser les échanges plus que les ventes.

Premier Décembre. Arrêt qui limite le poids des pains de sel en Franche-Comté.

10 Décembre. Réglement sur l'amidon.

1779 18 Mars. Rétablissement de la Caisse de Sceaux & de Poissy. *Voyez* 1776.

1780 Janvier. Formation des trois grandes Compagnies de Finance ; la Ferme, la Régie, l'Administration des domaines. Ce n'est pas la faute du Ministre, c'est celle de la chose, si nous mettons ce Réglement au nombre des Réglemens fiscaux. Tel est, & tel doit être, pour le bien de la chose en l'état actuel, le traitement de ces Compagnies, qu'elles soient fortement intéressées à faire monter les droits au-delà d'une certaine somme. Leurs bénéfices sont peu importans, tant que le produit reste au-dessous d'une somme dite ; mais s'il l'excéde, les bénéfices ſont conſidérables, & c'eſt à qui l'excédera.

15 Février, Réglement ſur les droits d'Inſpecteurs aux Boucheries. Les droits ſont perceptibles ſur les beſtiaux morts d'accident, à moins que le propriétaire ne juſtifie de leur mort, par un extrait mortuaire. *Article 18*. La Cour des Aides de Normandie a refuſé d'enregiſtrer ce chef-dœuvre, & par ſuite, elle eſt encore privée de la connoiſſance des conteſtations.

Le jeu de fief aboli dans pluſieurs coutumes qui le permettoient. Le droit de franc-fief en a augmenté: ce réglement n'eſt pas émané du miniſtere, il eſt du Parlement de Paris.

Vente des Offices d'Huiſſiers-Priſeurs, leurs droits & leurs ſalaires génent les ventes, interceptent les échanges & abſorbent une partie des propriétés mobiliaires.

Tabac rapé vendu par la Ferme Générale.

1781. Compte rendu au Roi, & imprimé par ſon ordre. Origine de l'inſtruction, & de &c.

1781--1783.

M. de Fleury, Directeur Général.

Il rétablit les Receveurs Généraux des Finances, impoſa le troiſieme vingtieme, deux nouveaux ſols pour livre en ſus de tous les droits des Fermes, augmenta le prix du tabac de 4 ſ. pour livre poids de marc, & fit augmenter considérablement les droits aux entrées de Paris. Ce fut aussi sous ce ministere que l'usage de l'aréometre ou pese liqueurs fut définitivement prescrit & sanctionné par l'enregistrement de la Cour des Aides. *Voyez* 1771.

1783 — 1787.

M. d'Ormesson; il ne fit que paroître & disparoître.

A la fin de son ministere, M. de Vergennes gêné par les difficultés qu'éprouvoient, de la part des Fermiers Généraux, les idées qu'il avoit conçues pour l'étendue de la liberté du commerce, fit supprimer le bail des Fermes.

3 Novembre 1783, M. de Calonne, Contrôleur-Général.

Magnifiques préambules d'Edits, dans lesquels la liquidation des dettes de l'Etat est pompeusement annoncée. Il y fut aussi question d'économie, mais il n'en fut question que là, témoin les murs, les tours, les donjons & les Palais de l'enceinte de Paris.

La premiere opération de M. de Calonne peint son génie, elle prouve que les habiles savent trouver des accommodemens entre les parties les plus opposées. Pour satisfaire M. de Vergennes, & ne pas déplaire aux Fermiers Généraux, il rétablit le bail des Fermes & n'en retira que les traites qu'il mit en régie aux mains des mêmes Fermiers Généraux.

Le Commerce a des obligations à M. de Vergennes & à M. de Calonne. Ils ont facilité la fabrique, le débit, la circulation & l'exportation de nos vins & de nos eaux de vie. Malheureusement la franchise accordée à de certains ports n'a pas réussi ; il en est de même du traité du commerce avec nos rivaux.

M. de Calonne n'a point mis de nouvel impôt, mais ses profusions, ses emprunts, ses créations de charges, ses traités extraordinaires, ses facilités à accorder des remises, des traitemens, des exemptions, ses anticipations le mettoient dans l'impossibilité d'aller plus avant, lorsqu'il fit convoquer une Assemblée de Notables. *Culpa felix !*

En quatre ans l'homme d'ordre avoit eu le talent de regagner 53 à 54 millions. *Voyez pag. 200 :* en quatre autres années, les autres en avoient réperdu 66 à 70. Savoir 56 en déficit actuel, & dix à quatorze que nous avions de bénéfice. Parcourez toutes les pages de cet ouvrage, les choses ne se sont jamais passées autrement. *Nous n'allons pas*, dit Montaigne, *on nous pousse*, on nous presse, on nous balote, tantôt haut, tantôt bas. *Ducimur ut nervis alienis mobile lignum.* A qui la faute ? Nous ne pourrons l'imputer qu'à nous pour l'avenir, si les exemples du passé ne nous apprennent pas à mieux faire.

30 Octobre 1785, réforme de la monnoie d'or.

Le Discours de M. de Calonne à l'Assemblée des Notables contient les vrais principes, & le public y revient; la destruction des abus, l'égalité des contributions : mais le public joué; voyant annoncer un déficit considérable, à l'instant même qu'on lui promettoit la réduction de plusieurs impôts; entendant parler d'amortissement, tandis que les intérêts n'étoient pas assurés, il ne vit que le précipice creusé sous ses pas, & ne s'occupa qu'à en calculer la profondeur, que l'imagination lui exagéra.

Le projet de l'établissement général des administrations provinciales annonçoit une droiture d'intentions, contradictoire avec l'esprit qui lui avoit fait adopter le projet du timbre.

Sa subvention territoriale ne mérite ni les critiques ni les éloges qui en ont été faits. Avant de songer à l'établissement d'une dîme civile, il seroit bon de calculer les effets de la dîme ecclésiastique. Un Laboureur vient de nous donner une fort bonne brochure à ce sujet.

La conversion définitive de la corvée en une prestation pécuniaire a réuni la pluralité des suffrages.

Le projet du reculement des traites aux frontieres n'eſt ni neuf ni facile à exécuter. Depuis tant d'années qu'on y travaille, il n'eſt réſulté du travail que des dépenſes de bureaux : du moins, nous ſommes encore à le voir, cet ouvrage que l'on dit achevé, & avant qu'il ſoit adopté par les provinces intéreſſées . . . .

Les Economiſtes ne ſont pas heureux : il eſt de fait que l'exportation des grains a été conſtamment ſuivie d'une cherté exceſſive, ſuivie d'émeutes. Il eſt vrai auſſi qu'une année de diſette a conſtamment ſuivi la loi qui permettoit l'exportation ; ainſi peut-être ne faut-il attribuer qu'aux circonſtances le fâcheux effet qu'on attribue au principe.

Avec M. de Calonne, s'éteignirent la facilité & l'exactitude des paiemens.

1787.

3 Avril M. de Fourqueux,
3 Mai M. de Villedeuil,
31 Août M. Lambert, } Contrôleurs Généraux.

Mais M. de Brienne avoit la principale direction des affaires. Sous lui, l'Aſſemblée des Notables fut continuée, mais bien-tôt rompue & congédiée. Elle avoit prévu que les Etats-Généraux du royaume ſeroient ſeuls capables de régénérer les affaires. L'Aſſemblée tenoit encore, lorſque

lorsque fût enregistré l'Edit du mois de Mai 1787, portant création de six millions de rentes viageres, registré, quoique le Parlement sut bien qu'aucune hypothéque ne pouvoit y être affectée, puisque le déficit étoit considérable : le public ne l'ignoroit pas non-plus; cependant l'emprunt fut rempli.

M. de Brienne se persuada qu'il suffisoit d'avoir montré des projets à l'Assemblée des Notables, & ne soupçonnoit seulement pas que les Parlemens pourroient faire quelque difficulté. La subvention territoriale & le timbre furent également rejettés, le Parlement répeta le principe que déja il avoit avancé, » qu'il n'appartient » qu'à la Nation assemblée, qu'aux représentans » des trois Ordres de consentir à l'établissement » d'un nouvel impôt, & d'en fixer irrévocable» ment la quotité, la durée & l'emploi ; » Il fut transféré à Troyes, & emporta avec lui les acclamations du peuple. Rappellons que, longtemps avant le Parlement, la Cour des Aides de Paris avoit invoqué le même principe, & l'avoit exposé fortement. *Voyez Manuel pour les Députés, &c. chez Guillaume, page 9.*

Cependant, le Roi, *dont*, pour me servir des termes du Parlement : » *les passions n'ont jamais* » *rien couté à son peuple*, le Roi semblant ne » regreter ni la splendeur apparente du Trône

» ni le faste de la Cour, la Reine animée des » mêmes motifs, s'occupoient sérieusement à » réduire le département de leurs Maisons, » tandis que dans le Conseil Royal des Finances, » le Roi faisoit examiner les moyens propres à » faire baisser toutes les dépenses.

Non loin de cette époque, le Parlement enregistre l'Edit de la prorogation des vingtiemes, *Septembre* 1787, & le Ministre, trop crédule à cette premiere facilité, imagine de faire passer, non pas comme autrefois, un seul emprunt, mais cinq emprunts successifs & graduels pendant cinq années consécutives. C'est dans cet Edit, *Novembre 1787*, que, pour la premiere fois, le Roi manifesta que déja il avoit résolu de répondre au vœu général. « Quelle satisfac» tion n'éprouverons nous pas, lorsqu'avant » l'année 1792, nous pourrons montrer à la » Nation assemblée, comme nous nous le pro» posons, que l'ordre est rétabli, que les em» prunts ne sont plus nécessaires?

L'espérance s'empara de tous les cœurs, & le premier emprunt étoit déja rempli, lorsque le Parlement annonça au public qu'il n'avoit pas concouru à son enregistrement. Les cœurs ne regrettoient que la longueur du terme pris par le Roi pour la tenue des Etats-Généraux. Hélas! Le Roi ne l'avoit pris si long, que parce qu'il ne connoiſſoit pas encore le vœu de ſes ſujets dans toute ſa plénitude, ni le mal dans toute ſon étendue.

1788.

Des événemens, rélatifs à l'Edit de Novembre 1787, procurerent au Parlement l'occaſion de repréſenter au Roi les atteintes portées, à ſon inſu, à la liberté & à la propriété de ſes ſujets. Fortement occupé du ſoin de les ſoulager, & réduiſant à cet effet ſa Maiſon Civile & Militaire, le Roi ne vouloit que le bonheur de ſes peuples, & n'étoit embarraſſé que ſur le choix des moyens, lorſque le mois de Mai amena bien d'autres révolutions.

Il eſt ſi difficile de faire parvenir la vérité juſqu'au Trône. Louis XVI eſt peut-être le Monarque qui ait le moins tardé à la connoître, parce qu'il eſt celui qui l'a le plus recherchée: cette obſervation doit nous donner une idée de ſon cœur. François I ne connut jamais la vérité, les Gens de Lettres flattoient toutes ſes paſſions. « Qu'ai-je fait à mon peuple, qui m'en veut » tant, diſoit François II au Duc de Guiſe & » au Cardinal? Je ne ſais, mais j'entends qu'on » n'en veut qu'à vous: je déſirerois que pour » un temps vous fuſſiez hors d'ici, pour « voir ſi c'eſt à vous ou à moi que l'on en veut. Charles IX n'étoit environné que de gens de mauvaiſe foi. Henri IV fut ſouvent trompé. Louis XIII ne voyoit que par les yeux de ſon Miniſtre. Le ſecret de la poſte fut fatal à Louis XIV : ſon ſucceſſeur, à la fin de ſon regne, fut privé, durant quatre années entieres, du bonheur d'être inſtruit du vœu de ſes ſujets. En 1788, deux mois n'étoient pas écoulés, que déja Louis XVI commençoit à diſcerner la vérité ; mais elle ne faiſoit que murmurer, & n'approchoit qu'à pas lents vers le Trône, dont les accès étoient encore occupés. L'Arrêt du 5 Juillet 1788, qui ordonne des recherches ſur l'organiſation la plus complette des Etats-Généraux, nous fait voir que déja Louis XVI vouloit être inſtruit par autres que ceux qui l'environnoient : l'occaſion s'en préſenta heureuſement.

Le Clergé alors Aſſemblé étoit, par cette raiſon, le ſeul Corps qui put porter ſes doléances juſqu'au Trône. Par ſa réponſe du 26 Juillet, le Roi lui fit connoître la ferme réſolution dans laquelle il étoit « de n'établir aucun impôt, » ſans le conſentement des Etats-Généraux, & » d'aviſer, au milieu des Etats, aux moyens d'aſ- » ſurer à jamais la liberté & le bonheur de ſes » peuples.

Cependant les reſſources s'épuiſent, & tandis qu'un compte, rendu public, promet à tous les créanciers de l'Etat le paiement aſſuré de leurs créances au moins pendant l'année, ce même paiement est suspendu, quant aux intérêts, dès le milieu de l'année. La Nation en deuil; la Justice interrompue; la banqueroute affichée; la considération de nos alliés perdue; l'autorité royale ébranlée; une grêle, telle que la génération n'en a pas vu de semblable, ravage & détruit en une heure la plus riche des moissons, & les caisses se ferment à l'instant que les malheureux, à qui le ciel réservoit encore un hiver plus désolant, viennent y chercher des secours. Terrible année! puisses-tu ne sortir jamais de la mémoire des hommes!

Et vous, Souverain du plus beau royaume de l'univers, que faisiez-vous alors? Dans des temps presque aussi malheureux, 1709, Louis XIV n'en continuoit pas moins la dépense de sa maison & de ses bâtimens. Vous, tout ce qui tient à l'aisance, à la pompe du Monarque, vous en faisiez le sacrifice, vous excitiez le zele de nos Pasteurs, vous sollicitiez les charités, vos bonnes intentions surpassoient vos pouvoirs, & vous auriez volontiers donné l'or . . . que vos coffres ne renfermoient plus. Belle ame! cœur excellent! Prince né pour le bonheur des hommes! Vous que vos sujets bénissoient, lorsque vous leur remettiez le droit de joyeux avénement; lorsque vous rétablissiez la Justice;

lorſqu'aſſurant la liberté des mers, vous rendiez au commerce l'un des deux élémens dont il étoit privé ; lorſque vous rompiez les derniers liens de la ſervitude ; lorſque vous limitiez vous-même la progreſſion arbitraire de la taille. Vous que vos ſujets béniſſoient lorſque la remiſe de la capitation, aux plus pauvres contribuables, annonçoit aux Pariſiens la naiſſance d'un premier fils ; lorſque confondu dans la foule attirée par la fête, vous aviez peine à réſiſter à ſes empreſſemens ; lorſque ſur la route de Cherbourg votre affabilité occupoit tous les eſprits dont elle faiſoit les délices ! Comment le temps le plus ſerein s'eſt-il auſſi-tôt couvert de nuages ? Comme François II, vous avez voulu voir ſi c'étoit à eux ou à vous qu'on en vouloit, vous n'avez pas tardé à reconnoître que tous les cœurs ſont à vous.

L'homme du public lui eſt rendu, 25 *Août* le miniſtere changé, la Juſtice rétablie, la convocation des Etats-Généraux accélérée ; le crédit perſonnel d'un ſeul homme fait ouvrir toutes les caiſſes que ce même crédit alimente. Crédit funeſte, ſi l'homme néceſſaire vient à manquer à la Nation, ou ſi la Nation ne ſe met en état de n'avoir jamais beſoin d'un homme néceſſaire !

6 Novembre, nouvelle aſſemblée de No-

tables, elle n'avoit pas d'autre but que d'éclairer le Roi sur la meilleure forme de convocation des Etats-Généraux. Comme les idées changent à peine les séances de l'Assemblée sont ouvertes, que de longs murmures se font entendre contre ces mêmes Magistrats que n'aguere on regardoit comme ses dieux tutelaires. Les Notables opinent, le Roi prononce, 27 Décembre, & les murmures se tournent en clameurs.

1789.

La disette succede à l'hiver le plus désolant; les émeutes dont la plupart n'ont pour motifs ni le froid ni la faim, se correspondent d'une extrêmité de la France à l'autre, & viennent aboutir à son centre, mais pour y expirer. D'accord sur le fonds des choses, tous les esprits se partagent sur les accessoires: la discorde agite tous les Corps, les individus mettent toutes les passions en usage pour se supplanter, pour obtenir la préférence; mais la destruction des abus & le retablissement de la chose publique, sont les seuls moteurs des cabales & des intrigues; noble émulation! l'amour de son Roi, de sa patrie, de l'honneur & de la foi publique, est le sentiment commun qui rallie au Trône l'Eglise, la Noblesse, & le Peuple.

Pourquoi donc ces oppositions sur les mots & sur le mode? C'est que l'erreur a fait tort à la vérité; c'eſt que les fauſſes aſſertions ont rallenti le zele des meilleures diſpoſitions; c'eſt que la négation de faits conſtans s'eſt jointe au dévéloppement du plus juſte des ſyſtêmes; c'eſt que des idees, déſavouées par les ſages, ont fait craindre des prétentions exagérées. Forte de ſon propre fonds, fondée ſur les bâſes immuables de l'équité, la bonne cauſe n'a pas beſoin de ſi foibles étais. Qu'importe les anciens uſages, lorſque la raiſon commande, lorſque le ſentiment ordonne? Pourquoi nier leur exiſtence paſſée? Pourquoi les appeller *conſtitutionnels*, ces uſages deſtructeurs de toute conſtitution? *Voy. p. 98.* Non, ce ne peut être que de la réunion des forces, des talens & des lumieres que naîtront les réformes ſalutaires: ſans cela, le beſoin d'innover, ou plutôt de rétablir les anciens droits, les droits impreſcriptibles de la Nation, nous expoſe au malheur de voir tout culbuter.

Pluies fécondes du mois de Mai! vous avez répandu plus de biens ſur la France que toutes les diſſentions de Verſailles! De toutes les brochures qui nous inondent, aucune ne nous donne ni l'argent que nous n'avons pas, ni le bled que nous attendons. Les ennemis ont aſſez dévaſté le terrein commun; c'eſt contr'eux qu'il faut s'armer & marcher de concert. Le Trône eſt occupé par un bon Roi, mais le dragon de la fiscalité est encore armé de ses cent têtes. Pour un Sully que l'Histoire célebre, combien n'avons-nous pas eu de Marigny, de Montagu, de Duprat, de Richelieu, de Mazarin, d'Abbé Terray, de.. de.. Plaignons les malheureux. Un second Louis XII, un second Henri IV mérite notre amour & possède nos cœurs; mais Philipe le Bel est du même siecle que S. Louis, Charles VI & Louis XI succedent à Charles *le Sage*, François I à Louis XII, & Louis XIII à Henri IV. *Voyez page* 72.

Juin. Les faits se succédent avec la rapidité des heures. Les Communes sortent de l'inertie, 14. - L'Assemblée nationale est formée. 16. - Elle est en activité. 17. Calomniée. 18. - Dispersée; elle ne sait où se réfugier. 20 - Elle craint une révolution. 21. - L'orage se forme, les nuages s'amoncelent, l'étoile polaire disparoît. 22. - Les vents se déchaînent, le tonnerre gronde, l'Assemblée nationale..... 23. - Elle renaît plus brillante & plus belle. 24. - L'union des Ordres en légitime le nom, en assure la stabilité, la force & l'activité. 25.

Le Roi toujours bon, encore trompé, mais toujours aimé; les inclinations toujours belles; le desir du bien public continuant d'embrâser tous les cœurs, d'échauffer tous les esprits; non, le Ciceron du mois de Mai 1788, ne jouera pas le rôle de Catilina au mois de Juin 1789. La tenace fermeté des Communes force la paix & la concorde ; le calme ſort du ſein de l'orage ; l'eſprit de juſtice pénétre toutes les ames d'une extrêmité de la France à l'autre ; des feux de joie diſſipent les ténebres de la nuit ; un peuple de freres eſt réuni ſous l'abri du Trône ; Louis XVI jouit du plus doux moment d'un Monarque François, & la Reine renouvelle avec eux la ſcene attendriſſante de 1506. *Voyez* page 74.

Vos & Scyllæam rabiem, penitùsque ſonantes
Acceſtis ſcopulos, vos & cyclopæa ſaxa
Experti, revocate animos, mœſtumque timorem
Mittite; forſan & hæc olim meminiſſe juvabit.
Per varios caſus, per tot diſcrimina rerum
Tendimus in Latium, ſedes ubi fata quietas
Oſtendunt illîc fas regna reſurgere Trojæ.

Œneid. I. 205.

OBSERVATIONS
Sur le déficit.

Perſuadé qu'inceſſamment les Etats-Généraux s'occuperont de la régénération de nos Finances, je prendrai la liberté de donner ici mes idées.

La premiere queſtion à examiner, eſt de ſavoir s'il y a un déficit, & de ce qu'il eſt.

Un compte imprimé en 1788 nous avoit aſſuré le paiement de nos créances au moins pendant l'année. Le paiement a manqué dès le milieu de l'année. Pourquoi ? C'eſt une queſtion épiſodique, mais bien importante, parce qu'en fait de compte il faut partir d'une époque fixe. Il n'eſt pas d'autre maniere de conſtater le déficit qu'en voyant le compte *effectif* de l'année paſſée.

S'il y a un déficit, comment le combler ? S'il y a moyen de le regagner ſur les dépenſes, il ſera inutile de ſonger à aucun nouvel impôt. Or y a-t-il moyen de regagner ſur les dépenſes ? c'eſt à quoi ſe réduit la ſeconde queſtion. Les dépenſes des départemens ſont-elles ſuſceptibles de réduction ? Pour l'éclairciſſement de cette queſtion, je joins un travail fait ſur quelques objets ſeulement, mais qui ſuffira pour donner une idée de ce qu'il eſt poſſible de faire ſur tous les objets.

S'il eſt néceſſaire de former un nouvel impôt, comment l'organiſer ? ce ſera la troiſieme queſtion. De maniere que l'impôt nouveau ſoit général ; de maniere qu'il ſoit proportionnel aux facultés, & qu'il porte ſur les riches plus que ſur les pauvres ; de maniere que les villes ſoient plus chargées que les campagnes ; de maniere que les rôles en ſoient communs pour tous les Ordres, mais que les percepteurs ſoient différens, c'eſt-à-dire, que le Collecteur des Roturiers ne ſoit pas le Collecteur de la Nobleſſe, ni celui du Clergé, afin de mettre dans les formes d'autant plus de différence, qu'il n'y en aura moins dans le fonds ; & afin que la charge de la collecte tombe ſur le Noble & ſur l'Eccléſiaſtique, comme ſur le Roturier ; enfin de maniere que la quotité de l'impôt, ſon impoſition, ſa durée, ſa perception, ſes conteſtations, ſon emploi & ſa comptabilité ſoient dans la main des Etats-Généraux.

Réformer les impôts ſubſiſtans, ce ſera la quatrieme opération. Il ne ſera pas poſſible de tout réfondre dans cette Aſſemblée : & tout a beſoin d'être refondu. Mais on peut charger des Commiſſaires de s'occuper d'un plan de réforme : & dans cette premiere Aſſemblée on peut 1° ſupprimer les impôts les plus onéreux ; 2° on peut ôter à certains impôts ce qu'ils ont de plus odieux dans le régime. Ce que l'Etat perdra par la ſuppreſſion des impôts onéreux, & par la réforme de la plus dure Fiſcalité, on peut le joindre au nouvel impôt, dont nous venons de tracer l'organiſation, & qui par cette raiſon ſera augmenté.

On peut 3° poſer les principes à l'égard des impôts ſubſiſtans : & c'eſt là le grand point.

S'occuper de la réforme de chaque nature d'impôts : en attendant, ne rien culbuter, laiſſer proviſoirement ſubſiſter les Recettes, Ferme, Régie & Adminiſtration ; mais faire vuider les mains de tous Receveurs définitifs, ès mains des Tréſoriers des Etats-Généraux, comptables aux Etats de tous les deniers qu'ils recevront, & qui ſeront tenus de les employer ſelon les ordres des Etats.

Bien entendu que la conſervation proviſoire de l'état des choſes n'aura lieu, comme il eſt dit ſi ſouvent dans cet ouvrage, que juſqu'à nouvel ordre des Etats-Généraux qui, pour en donner, s'aſſembleront aux époques qui ſeront réguliérement fixées.

APPERÇU

Pour l'Examen des Dépenses.

I.

Département de la guerre.

En 1774 M. l'Abbé Terray comptoit ainsi qu'il suit. *Voyez la collection des comptes imprimée en* 1788, *in*-4°, *Volume de* 231 *pages*, pag. 111.

Extraordinaire des guerres .	60,000,000.
M. de Calonne compte de plus	3,400,000.
Artillerie & Génie . . .	10,000,000.
Maison militaire du Roi . . .	8,000,000.
Maréchaussées	2,200,000.
Total	83,600,000.

Mais dans cette somme étoient compris des objets qui ne font plus partie du Département de la guerre, & d'autres objets de dépense qui ont été supprimés : par exemple, les Chevaux-légers, Mousquetaires & Gendarmes qui, selon le compte de M. Turgot, *page* 143 de la collection, étoient de . . . 1,992,633.

étoient compris les traitemens des Trésoriers, objet arbitré par M. Necker : *Traité de l'Administration des Finances*, tom. 2, page 402 . . . . 900,000.

De l'autre part . . . 2,892,633.

étoient comprises les dépenses des Grenadiers à cheval, & plus de dépenses pour les Gardes-du-corps : ces deux objets formoient 2,116,746 liv. selon la collection, *page* 143. Quelle étoit la somme des objets réduits? Arbitrons . . . 707,367.

Enfin étoient comprises en partie les pensions de ce Département. Quel étoit leur montant ? M. Necker *ubi suprà* le dit en 1781 de 16,500,000 liv. Une partie en étoit payée par le trésor royal, & cette partie étoit, vers cette époque, de 5,030,000 liv. Collec. *page* 173; ce qui réduit la somme de M. Necker à 11,470,000 liv. Mais il peut se faire qu'en 1774 les pensions n'aient pas été aussi considérables qu'elles l'étoient en 1776 & en 1781. *Voyez* page 109 ce qui s'est passé sous Louis XIII. La même chose a pu arriver sous Louis XVI. Arbitrons . . 9,840,000.

Total . . . . 13,440,000.

Ainſi le Département de la guerre, qui en 1774 étoit de . 83,600,000.
étoit chargé de plus qu'en 1789, de . . . . 13,440,000.

Il n'étoit donc que de . . . 70,160,000.
Mais en 1789 il eſt de . . . 99,160,000.

Il y a donc une augmentation de . . . . 29,000,000.

Ne perdons pas de vue que ce n'eſt-là qu'un apperçu, & qu'on ne doit rien en conclure. Mais il ſuffit pour engager nos Repréſentans à tourner leur attention de ce côté. Ils ne manqueront pas de s'aſſurer des cauſes de l'augmentation. Ils reconnoîtront ſi elle eſt due à un plus grand nombre de troupes, au meilleur traitement du ſoldat, à plus de dépenſes dans les Bureaux du Département, ou enfin à un Etat Major mieux rétribué. Si cette derniere cauſe avoit influé ſenſiblement ſur l'augmentation, il s'enſuivroit que la renonciation aux Priviléges pécuniaires ne ſeroit pas le ſeul ſacrifice que la Nobleſſe auroit à faire. Pour mériter la reconnoiſſance de ſes Concitoyens, la Nobleſſe ſeroit ſans doute la premiere à inſiſter ſur la diminution d'une dépenſe qui ne tourne qu'à ſon profit. Il en eſt de même de l'article ſuivant.

2.

2.

Marine & Colonies.

En 1774, la dépenſe étoit, *collection*, *page* 111. . . . . 30,000,000 l.
M. de Calonne ajoute 3,000,000 . . . .
En 1775, y compris les lettres-de-change, *p.* 167 . . . 33,000,000
En 1776, non compris ces lettres, *p.* 169 35,000,000
En 1776, *p.* 173. 32,185,300
M. de Calonne ajoute 3,000,000 . . .
En 1781, *p.* 181 & 183. . . 29,200,000
M. de Calonne ajoute 6,800,000 . . .
En 1783, *p.* 187, Ordinaire. . 40,000,000
Extraordinaire quatre-vingts millions
En 1787, *p.* 223. . . . . 34,180,000 l.
En 1788, *p.* 174 du compte. . . 47,280,000
En 1789, ... 40,900,000

Quoi qu'il en ſoit de ces variations, M. Necker entrevoyoit, en 1781, que la dépenſe de la marine ne devoit guere excéder 29 millions: Elle eſt aujourd'hui à près de 41. Il y a donc poſſibilité d'économiſer ſur ce département dix à douze millions. Cet objet en vaut encore la peine.

Obſervons que M. l'abbé Terrai, en 1774, proposoit de réduire ce département à 27,900,000 l. *page* 118, & que M. l'Abbé Terrai n'étoit ni économe, ni économiste.

3

Maison civile du Roi, & Maisons des Princes.

En 1774, *page* 111 *de la collec.* 32,000,000 l.
En 1775, *p.* 167. 33,500,000
En 1776, *p.* 169. 36,373,394
En 1776, *p.* 173, y compris le plus de M. de Calonne pour 900,000. . . 32,563,868
En 1777, *p.* 181, 183 . . . . . 33,740,000 l.
M. de Calonne ajoute 2,417,000 . . . . . .
En 1783, *p.* 189. 34,906,000
En 1787, *p.* 223. 35,976,000
En 1788, *p.* 174, art. 4, 5 & 6. 32,261,700
En 1789. 33,240,000

Il en résulte, qu'en comparant les époques de 1774 & de 1789, nous n'avons encore rien gagné aux suppressions, & que les bonnes intentions du Roi, de la Reine & des Princes n'ont pas encore produit leurs effets.

4

Pensions.

En 1774, *p.* 111 *de la collection.* . 6,500,000 l.
M. de Calonne compte 10,000,000 . . . . . .
En 1775, *p.* 167. 7,000,000

En 1776, *p.* 170. 8,000,000
En 1776, *p.* 173. 9,746,533
M. de Calonne ajoute 5,500,000 . . . . .
En 1781, *p.* 183. 28,000,000
M. de Calonne ne compte que . . 26,078,000

Cette progreſſion ſubite de 9 ou 10 millions, même de 15, ſelon M. de Calonne, à 28 ou 26 millions, vient à l'appui de notre calcul n°. 1. Antérieurement les penſions du département de la Guerre étoient acquittées par ce département, en grande partie, une autre partie ſeulement étoit acquittée par le Tréſor Royal. Au reſte, c'eſt à Meſſieurs des Etat-Généraux à en examiner les détails.

En 1783, *p.* 189. . . . . 25,000,000 l.
En 1787, *p.* 223. 28,000,000

Autre progeſſion; mais elle eſt du regne de M. de Calonne.

En 1788, *p.* 274 du compte. . . . 27,000,000
En 1789, ... 29,000,000

Autre progreſſion, ſans doute à cauſe des penſions de retraite accordées aux Officiers ſupprimés; mais dans quel département? Je n'en vois aucun dont la dépenſe ait baiſſé à proportion. Il ſeroit dur d'ôter aux gens le morceau qu'ils ont à la main; mais il ſeroit plus dur de le leur mettre aux dépens de gens plus mal-

heureux. « Les grands Rois, disoit Sully, doi-
» vent souvent se résoudre à être marteaux ou
» enclumes. « Les Rois mes prédécesseurs, di-
» soit Henri IV à ses Courtisans, tenoient à
» déshonneur de savoir combien valoit un
» teston; quant à moi, je voudrois savoir
» ce que vaut une pite, & combien de peine
» ont les pauvres gens pour l'acquérir.

5.

Objets divers.

A côté des pensions, nous aurions dû mettre plusieurs autres articles de dépenses, qui ne sont en totalité ou en partie que des pensions déguisées sous autre nom. Tels sont, au compte de 1789, les haras en grande partie, les indemnités de même, de même les gages du Conseil & des Intendans, les générosités aux gens de lettres, de même les passeports, dont plusieurs ne s'accordent qu'au crédit. Tels sont encore tous les actes de bienfaisance, qui sont de véritables libéralités, quoique leur nature soit bien différente de celle des pensions. Le Clergé même a part à ces libéralités. Il est impossible de donner aucun détail de ces objets, sur la vue du compte imprimé de 1789, ou année courante, joint au discours d'ouverture des Etats-Généraux; mais chaque article mérite examen, &, à-coup-sûr, la peine ne ſera pas perdue.

Parcourez le compte de 1788, *pages* 3, 4, 5, 6, 14, 18, 19, 23, 24, 27, 29, 32, 39, 40, 44, 51, 54, 58, 60, 63, 64, 66, 70, 73, 87, 98, 109, 138, 153, 154, 156, je trouve des objets ſuſceptibles d'examen pour une ſomme de 21 à 22 millions, dans leſquels il y a ſans doute des dépenſes néceſſaires, indiſpenſables, ou du moins utiles; mais leur réduction à moitié pourroit être praticable. *Fode parietem, & majora invenies.*

6.

Financiers.

Je vois au compte de 1789, des traitemens aux Receveurs, Fermiers, Régiſſeurs, & autres frais de recouvrement pour. . . 20,094,000 l.
Le Tréſor Royal, &c. 3,753,000
L'Adminiſtration générale. . . . 2,048,000

Total. . . . . . 25,895,000 l.

Il eſt dans ces objets pluſieurs articles qui doivent entrer au chapitre du N°. 5, parce qu'ils ſont de veritables gratifications, ſans leſquelles la beſogne ne ſe feroit pas moins.

Il a paru récemment une petite brochure

de M. Surget, dans laquelle il paroît prouver assez bien que le service des Payeurs & Contrôleurs des rentes, qui coute 840,000 liv. est susceptible de 450,000 liv. de réduction. Cette proposition est-elle vraie? En seroit-il de même des autres articles? Ces questions méritent sans doute l'attention de nos Représentans.

Il est notoire qu'une place de Fermier-Général produit 150 mille livres par an: savoir près de 60 mille livres annuellement, outre l'intérêt des fonds d'avance; de plus le bénéfice du bail ne peut être estimé, pour six ans, moins de 600 mille livres; mais il n'est point de travail, quelque important qu'il soit, qui ne soit bien payé par une rétribution de 30 mille livres. il seroit donc possible d'économiser quatre cinquiemes sur les places des Fermiers-Généraux.

A la vérité, ce sont les meilleures places de Finances. Le traitement des Régisseurs, Administrateurs & autres supérieurs Financiers n'est pas si avantageux. Aussi je ne crois pas qu'il soit possible d'économiser les quatre cinquiemes sur les 26 millions de cet article. Mais réduisons l'économie possible au quart, & récapitulons le montant des économies proposées.

Nº. 1.	29,000,000	
N. 2.	10,000,000	
N. 3.	3,000,000	65,000,000
N. 4. avec le temps. .	10,000,000	
N. 5.	6,000,000	
N. 6.	7,000,000	

Il ne nous en faut pas tant, pour nous retrouver au niveau.

D'ailleurs M. Necker estime que la renonciation des deux Ordres privilégiés à leurs privileges donnera un excédant de recette de 10 à 12 millions. *Discours aux Etats-Généraux.* Sûrement il n'y a pas d'exagération.

Que chacun se prête, les affaires se concilieront d'elles-mêmes, & nous n'entendrons pas parler de nouveaux impôts. Peu-à-peu nous ratraperons l'état des choses, la situation de l'année 1781, & cependant nous refondrons les impôts actuels, en leur ôtant tout ce qu'ils ont d'odieux, & nous les organiserons comme il convient.

Je le répete encore, nous avons entendu ne donner ici que des apperçus; il ne faut ajouter aucune foi à nos calculs; ils ne doivent servir qu'à donner l'éveil. Mais je le répete aussi. En matiere de compte, pour être clair, il faut 1º partir d'un point fixe; 2º. ne jamais s'écarter, sans une nécessité absolue, de la forme une fois adoptée, parce que c'est en transposant les articles de recette ou de dépenſe, qu'on parvient à égarer ceux qu'on a voulu inſtruire. il exiſte un compte de prévoyance, publié par ordre du Roi en 1788. Ce compte nous a préſenté les recettes & les dépenſes à faire dans le cours de 1788, par ſimple apperçu. Pour partir d'un point fixe, il ne s'agit plus que d'exécuter ce qui a été promis dans ce même compte, page iij, c'eſt-à-dire, de préſenter le compte *effectif* des recettes *effectuées* & des dépenſes *acquittées* dans le cours de 1788, ſans égard à ce qui peut, ſoit dans la recette, ſoit dans la dépenſe, appartenir proprement à cette année 1788. Ce compte effectif eſt d'autant plus néceſſaire dans le moment actuel, qu'il eſt reconnu de tout le monde qu'il s'en faut de beaucoup que le paiement des arrérages des rentes, intérêts annuels, penſions & rembourſemens portés en dépenſe dans le compte de 1788, ait été effectué dans le cours de cette année. Il devroit donc naturellement exiſter un excédant très-conſidérable de recette: s'il n'exiſte pas, comme il y a tout lieu de le craindre d'après ce qui s'eſt paſſé au mois d'Août 1788, on doit en développer clairement les cauſes.

Il faut en outre ſuivre ſervilement dans le compte de prévoyance de 1789 & années ſubſéquentes, la marche de celui de 1788, ſauf, comme l'a promis M. Necker, à en donner un ſecond ſemblable en réſultat, qui préſente en recette & en dépenſe tous les articles de même nature, quelles que ſoient les caiſſes diverſes où ces recettes & dépenſes ſont effectuées. Alors tous les comptes ſucceſſifs pourront s'enchaîner, & ſervir de contrôle les uns aux autres. Alors on pourra dire qu'il exiſte un ordre ſtable & clair de Finances, ſi, dans le compte effectif, on ne s'eſt point écarté du compte de prévoyance, ou ſi, en s'en écartant, on a eu, pour le faire, de bonnes raiſons qui ſeront déduites, & formeront toujours le premier article du compte de prévoyance de l'année ſuivante.

On nous fait obſerver qu'il ſeroit bon de joindre à nos calculs ſur-tout aux derniers, à ceux du n° 6, quelques détails qui puſſent en contenir la preuve, & indiquer la marche telle que nous la concevons.

Ferme Générale.

Indépendamment de l'intérêt à cinq pour cent de ſes fonds d'avance, chaque Fermier Général reçoit annuellement Dividende de 2 pour cent, ſur 360,000 l., valant	7,200.
Droit de préſence	30,000.
Frais de Bureaux	3,600.
Etrennes, Franc-ſalé, partage dans les marchandiſes confiſquées, & que les Fermiers Généraux connoiſſent ſous le nom de *ballots*, & pluſieurs menus objets . . .	5,000.
Remiſe accordée ſur les objets en régie	22,822.
Bénéfice éventuel du bail qu'on ne peut évaluer à moins de 600,000 liv. donne annuellement	100,000.
Total	168,622.
A déduire pour la part de chacun dans les 500,00 livres dont ils ont offert de faire la remiſe ſur leur traitement	11,364.
Reſte	157,258.

Mais nous ne l'avons porté dans les calculs, *page* 230, qu'à 150,000 livres. Allons plus loin, & ne supposons que . . . . . 140,000 l.

Il y a quarante-quatre Fermiers Généraux.

Ci. 140,000 l. × . 44 = 6,160,000 l.

Régie Générale.

Droit de présence	2,000.
Remise à huit deniers pour livre sur les cinquante-un premiers millions	60,714.
Autre de trois sols pour livre sur ce qui excéde les cinquante-un premiers millions, en ne supposant qu'un million	5,357.
Total	68,071.
A déduire pour la part de chacun dans les 140,000 liv. dont ils ont offert de faire la remise sur leur traitement annnuel 5,000. Un neuvieme dont ils ont aussi offert la remise sur les trois sols de remise d'excédant les cinquante-un millions . . 595.	5,595.
Reste pour chaque place . .	62,476.

Ils sont 28.

Ci 62,476 . × . 28 = 1,749,328 l.

Administration des Domaines.

Traitement fixe	45,000.
Remise d'un tiers sur ce qui excéde cinquante millions. En ne comptant qu'un million . . .	11,904.
Total	56,904.
A déduire pour la part de chacun dans les 200,000 liv. dont ils offert de faire la remise sur leur traitement annuel	7,500.
Reste pour chaque place . .	49,404.

Ils sont 28.

Ci 49,404 . × . 28 = 1,383,312 l.

Non compris l'excédant de cinquante-un millions : & nous ignorons s'ils n'ont pas d'autres droits. Ils ont de plus un traitement pour les revenus casuels & le droit de marc d'or.

Récapitulation.

Ferme générale.	6,160,000	9,292,640
Régie générale.	1,749,328	
Administration générale. .	1,383,312	

Donnons à chaque place 30,000 livres : ils sont en totalité cent personnes ; nous aurons une dépense de 3,000,000 livres, conséquemment une économie de 6,292,640 liv.

On dira que, dans ce nouvel ordre de choſes, il ne faut pas exiger de ces Meſſieurs des fonds d'avance ſi conſidérables : nous en convenons. Il faut donc les rembourſer : pas tout ; mais la majeure partie ; parce que, pour avoir une place de 30,000 livres, il n'eſt pas de Financier qui ne faſſe volontiers une avance de 4 à 500,000 livres, dont il aura l'intérêt à raiſon de cinq pour cent. Ne craignons pas d'en manquer : il y en aura de reſte, & nous pourrons choiſir & préférer ceux qui auront leurs fonds à eux.

Enfin nous avons ſuppoſé cent places de Financiers Généraux. Mais ſi l'on veut borner ce nombre à ceux qui travaillent, & ſi l'on prend le mot *travail* dans ſa ſignification propre, il ſera très facile de réduire le nombre à 48 ou 50. L'économie ſeroit encore de 1,500,000 liv.

Il eſt une objection contre ce plan ; objection que nous avons prévue *page* 203. Si les Financiers n'ont pas intérêt au meilleur produit de la choſe, ils la laiſſeront tomber. Sous une conſtitution formée & réglée dans tous les détails, les abus ne ſeront pas ce qu'ils pourroient être aujourd'hui.

THÉORIE DES IMPÔTS.

Il me tombe à l'inſtant dans les mains une brochure intitulée : De l'autorité de Monteſquieu dans la révolution préſente. *L'Auteur y critique certainement avec érudition, & peut-être avec avantage, quelques principes de l'Eſprit des Loix. L'idée de cet Auteur m'en fait naître une autre; c'eſt de joindre à cet Ouvrage l'extrait des textes de Monteſquieu, relatifs aux impôts. S'il y a du mérite à approfondir l'autorité du Philoſophe, il peut y avoir quelque utilité à remettre ſes leçons ſous les yeux.*

« Le peuple qui a la ſouveraine puiſſance, » doit faire par lui-même tout ce qu'il peut » faire; & ce qu'il ne peut pas bien faire, il faut » qu'il le faſſe par ſes Miniſtres. Ses Miniſtres » ne ſont pas à lui, s'il ne les nomme pas. » *Liv.* 2. *Chap.* 2 ».

Le peuple a certainement le ſouverain pouvoir en matiere d'impôts. Cet ouvrage en contient la preuve. Tirez la conſéquence.

« Il n'y a rien que l'honneur preſcrive plus » à la Nobleſſe, que de ſervir le Prince à la » guerre. *Liv.* 4. *chap.* 2 ».

Ce n'eſt plus l'honneur qui commande le

ſervice, lorſqu'outre le paiement, il eſt compenſé pas des priviléges pécuniaires.

« Les revenus de l'Etat ſont une portion que » chaque Citoyen donne de ſon bien pour » avoir la ſûreté de l'autre portion, ou pour » en jouir agréablement.

» Il ne faut point prendre au peuple, ſur » ſes beſoins réels, pour des beſoins imagi-» naires de l'Etat.

» Il n'y a rien que la ſageſſe & la prudence » doivent plus régler que cette portion qu'on » ôte, & cette portion qu'on laiſſe aux ſu-» jets. *Liv.* 13. *chap.* 1.

» Dans un Etat où tous les particuliers ſont » Citoyens, où chacun poſſede par ſon domaine » ce que le Prince poſſede par ſon empire, on » peut mettre des impôts ſur les perſonnes, » ſur les terres & ſur les Marchandiſes ».

Nous ſavons que les Economiſtes penſent le contraire. Mais n'aberrons point. Monteſquieu a conſidéré les choſes telles qu'elles ſont. Par proviſion, c'eſt le parti le plus ſage.

« Dans l'impôt ſur les perſonnes, la por-» tion injuſte ſeroit celle qui ſuivroit exacte-» ment les biens. Chacun a un néceſſaire phy-» ſique égal. Ce néceſſaire phyſique ne doit » point être taxé. L'utile vient enſuite, & doit » être taxé; mais moins que le ſuperflu ».

Il y auroit beaucoup de choses à dire sur cette égalité de physique nécessaire. Continuez de lire, vous verrez la réponse.

« Pour la taxe sur les terres, il est bien dif-» ficile de connoître les différences des terres, » & encore plus de trouver des gens qui ne » soient point intéressés à les méconnoître. Si » en général la taxe n'est point excessive, si » on laisse au peuple un nécessaire abondant, » ces injustices particulieres ne seront rien; si » au contraire on ne laisse au peuple que ce » qu'il lui faut à la rigueur pour vivre, la » moindre disproportion sera de la plus grande » conséquence.

» Les droits sur les marchandises peuvent » être si sagement ménagés, que le peuple ig-» norera presque qu'il les paye. Pour que le » prix de la chose & le droit puissent se con-» fondre dans la tête de celui qui paye, il » faut qu'il y ait quelque rapport entre la va-» leur de la marchandise & l'impôt, & que » sur une denrée de peu de valeur on ne mette » pas un droit excessif. *chapitres 7 & 8.*

» Pour se défendre du traitant des impôts » établis sur les diverses clauses des conven-» tions, il faut de grandes connoissances, ces » choses étant sujettes à des discussions subti-» les; pour lors le traitant, *interprete* des Ré-

» glemens

» glemens du Prince, exerce un pouvoir ar-
» bitraire. *Chapitre 9.*

Montesquieu auroit pu dire *interprete & faiseur.*

» Les tributs doivent être si faciles à per-
» cevoir, & si clairement établis, qu'ils ne
» puissent être augmentés ni diminués par ceux
» qui les levent. *Chapitre 10.*

La force du mot *diminués* ne se sent pas au premier moment : il est bien le terme propre.

» On peut lever des tributs plus forts à
» proportion de la liberté des sujets, & l'on
» est forcé de les modérer à mesure que la
» servitude augmente. *Chapitre 12.*

On a fait le contraire, & la servitude a rompu ses liens.

» L'impôt par tête est plus naturel à la ser-
» vitude; l'impôt sur les marchandises est plus
» naturel à la liberté. *Chapitre 14.*

» On n'appelle plus parmi nous un grand
» Ministre, celui qui est le sage dispensateur
» des deniers publics, mais celui qui est homme
» d'industrie, & qui trouve ce qu'on appelle
» des expédiens. *Chapitre 15.*

Cet ouvrage en contient la preuve. Dieu veuille que la définition cesse de convenir à la chose.

» Nous sommes pauvres avec les richesses
» & le commerce de tout l'univers, & bien-

» tôt à force d'avoir des ſoldats, nous n'aurons » plus que des ſoldats. La ſuite d'une telle ſitua- » tion eſt l'augmentation perpétuelle des tri- » buts. *Chapitre 17.*

» Un Etat bien gouverné doit mettre pour » les premiers articles de ſa dépenſe une ſomme » réglée pour les cas fortuits. Il en eſt du pu- » blic comme des particuliers qui ſe ruinent, » lorſqu'ils dépenſent exactement les revenus » de leurs terres. *Chapitre 18.*

» Tout eſt perdu, lorſque la profeſſion lu- » crative des traitans parvient encore par ſes » richeſſes à être une profeſſion honorée. Un » dégoût ſaiſit tous les autres états. Les moyens » lents & naturels de ſe diſtinguer ne touchent » plus, & le Gouvernement eſt frappé dans » ſon principe. *Chapitre 20.*

FIN.

APPROBATION.

J'AI lu, par ordre de Monſeigneur le Garde des Sceaux un Manuſcrit intitulé : *Principales Epoques des Impoſitions*, ou *Abrégé Chronologique des Surintendans, & Contrôleurs-Généraux des Finances; des Impôts, Revenus & Charges de l'Etat*, &c. par M.***; & je n'ai rien trouvé dans cet Ouvrage utile qui doive en empêcher l'impreſſion. A Paris, le 8 Juillet 1789.

BERTHELOT.

www.ingramcontent.com/pod-product-compliance
Ingram Content Group UK Ltd.
Pitfield, Milton Keynes, MK11 3LW, UK
UKHW020209250726
13967UKWH00003B/1359